◈ 簡単＆おしゃれな本格レシピ ◈
おもてなしタイ料理

SIRI KITCHEN主宰
シリワン・ピタウェイ

誠文堂新光社

◈ Introduction ◈

「タイ料理」というと、みなさんはどのようなイメージをもっているでしょうか?
賑やかな屋台に、みんなでワイワイ取り分けて食べる料理など、
カジュアルな雰囲気を思い浮かべる方が多いと思います。
そんな気軽で楽しいところがタイ料理の魅力ですが、
実は、大切な方へのおもてなしにもタイ料理はぴったりです。

タイ料理は、辛味、酸味、甘味、塩味、旨味の
5つの複雑な味わいから作られています。
本場の料理は、ただ辛いだけということはなく、
辛さを自分で調節できる料理が多くあります。
これは、「みんなにおいしく食べてもらいたい」という
まさにタイ人のおもてなしの心によるものです。

この本でご紹介するのは、私が母から受け継いだ本場のレシピ。
日本人の方にも人気のある定番料理から
日本ではあまり知られていないタイの家庭料理まで、
誰もが楽しめる料理を揃えました。
タイの調味料を使えば、初心者でも作りやすいものばかりです。

そして、私の料理教室「SIRI KITCHEN(シリキッチン)」では、
おいしいだけでなく、料理の見た目の美しさも大切にしています。
カジュアルなタイ料理を華やかなおもてなし料理に変身させる
盛りつけとテーブルコーディネートのアイデアもご紹介します。

この本の料理は、タイ製の器を使ってコーディネートしました。
タイの雰囲気を楽しんで、参考にしていただけたら幸いです。

おしゃれで華やかな「SIRI KITCHENスタイル」で、
あなたの大切な方をおもてなししてみませんか?

◆ Index

- 002 Introduction

- 006 タイ料理の調味料
- 008 手作りの調味料
  サームグルー／カオクア／粗挽きピーナッツ／
  ガディアムジアオ／プリックポン／タマリンド汁
- 010 手作りのソース
  アーチャード／ナムプラープリック／梅スイート
  ソース／ナムチムジャオ／スイートチリソース
- 012 タイ料理で使うハーブ、スパイス、食材
- 014 その他の食材
- 015 タイの調理道具
- 016 野菜のカービング（飾り切り）

019 Chapter 1 サラダ、前菜

- 020 生春巻き（ポーピア・ユアン）
- 022 アジとハーブのサラダ（ミアン・プラートゥー）
- 024 青パパイヤのサラダ（ソムタム・タイ）
- 025 目玉焼きスパイシーサラダ（ヤム・カイダオ）
- 026 豚肉とハーブのスパイシーサラダ（ラープ・ムー）
- 028 焼豚スパイシーサラダ（ヤム・ムーヤーン）
- 030 ホタテのナムプラーソース漬け
  （ホイシェル・シェー・ナムプラー）
  フルーツのスパイシーサラダ（ソムタム・ポンラマイ）

033 Chapter 2 焼きもの、揚げもの

- 034 タイ風焼き鳥（ガイヤーン）
  揚げラープ（ラープ・トード）
- 036 チキンのサテ（ガイ・サテッ）
- 038 海老トースト（カノムパン・ナークン）
  豚トースト（カノムパン・ナームー）
- 040 豚肉とニラの揚げ春巻き
  （ポーピアトード・クイシャイ・ムーサップ）
  海老と豚肉の揚げ春巻き（トゥントーン）
- 042 海老のさつま揚げ（トードマン・クン）

043 Chapter 3 スープ、カレー

- 044 海老とハーブのスパイシースープ（トムヤムクン）
- 046 鶏肉とハーブのココナッツミルクスープ
  （トム・カー・ガイ）
- 048 チキンのグリーンカレー（ゲーンキオワーン・ガイ）
  牛肉とかぼちゃのレッドカレー
  （ゲーンペッ・スア・ファットン）
- 050 豚スペアリブと大根のスープ
  （トムチュー・ガドゥクムー・シャイタオ）
  豆腐と春雨のスープ（トムチュー・ウンセン・タオフー）

055 Chapter 4 メイン料理

- 056 揚げ卵のタマリンドソースがけ（カイ・ルック・クイ）
- 058 アサリのチリンオイル炒め
  （ホイラーイ・パッ・ナムプリックパオ）
  揚げ魚の唐辛子ソースがけ（プラー・ラード・プリック）
- 060 アジ入り唐辛子野菜ディップ（ナムプリック・プラートゥー）
- 062 海老の春雨蒸し（クン・オップ・ウンセン）
- 064 海老のトマトソース炒め（パッ・ピョウ・ワーン）
  茄子のバジル炒め（パッ・マクワムアン・ホーラパー）
- 066 鶏肉のカシューナッツ炒め
  （ガイ・パッ・メッマムアンヒマパーン）
- 068 タイ東北部の鍋（チムチュム）
- 070 豚肉のパイナップル煮込み（ムー・オップ・サッパロッド）

071 Chapter 5 麺、ご飯

- 072 タイ風焼きそば（パッタイ）
- 074 パイナップルチャーハン（カオパッ・サッパロッド）
- 076 ハーブの混ぜご飯（カオヤムサムンプライ）
- 078 タイ風鶏肉のバジル炒め（ガパオ・ガイダオ）
- 080 鶏肉と太麺の炒め（クイティアウ・クワ・ガイ）
- 081 ライスヌードルラーメン（クイティアウ・センレックナム）
- 082 豚肉のチャーハン（カオパッ・ムー）

085 **Chapter 6**
デザート、ドリンク

086 バナナの揚げ春巻き（ポーピア・グルアイ・トード）
　　焼きバナナのココナッツミルクカラメルがけ
　　（グルアイ・ピン・ラード・ナムガティ）
　　お団子ココナッツミルク煮（ブアロイ）
　　コーン入りタピオカココナッツミルク
　　（サークーピア・カオポード）
088 ハイビスカスソーダ（ナム・グラジャブ）
　　バタフライピーソーダ（ナム・アンチャン・ソーダー）
　　ライムソーダ（ナム・マナウ・ソーダー）
　　スイカのシェーク（テンモー・パン）

091 **Chapter 7**
おもてなしのテーブル

092 春のテーブル
096 夏のテーブル
100 秋のテーブル
104 冬のテーブル
108 ワンプレートのおもてなし

さっと作れる一品料理
052 タイ風卵焼き（カイジアオ）
　　空心菜の炒め（パッ・パップン・ファイデーン）
　　キャベツのナムプラー炒め（グラムピー・トード・ナムプラー）

Column
032 タイのおもてなしの基本
054 タイ料理をおいしく作るコツ
084 タイ料理に欠かせないココナッツシュガー

090,110 　SIRI KITCHEN Gallelry
111 　Epilogue

この本のレシピについて
- 材料は基本的に4人分、料理によって作りやすい分量で表記しています。
- 計量単位は、大さじ1＝15mℓ、小さじ1＝5mℓです。
- 火加減は特に記載のない場合は中火です。オーブンと電子レンジの使用時間は目安です。電子レンジは700Wを使用しています。
- 野菜や魚介などの材料は、特に記載のない場合は基本の下ごしらえを済ませてからの手順を説明しています。
- 調味料はP6「タイの調味料」に掲載している製品を基準にしています。ブランドによって塩分などが異なるので、味見をしながら適宜調節ください。
- 調味料など材料の分量に幅をもたせている場合には、はじめに少量を加えてから味見をし、適宜お好みで加えてください。
- 特に記載のない場合、こしょうは白粒こしょう、揚げ油はサラダ油、バターは有塩を使用しています。

● **調味料について**
タイ料理初心者は、ナムプラー、ココナッツシュガー（ペースト）、シーズニングソースの三つをまず揃えることをおすすめします。オイスターソースは中国料理のオイスターソース、シーユーカオは薄口醤油、酢は米酢、タオチオは味噌で代用すれば、本書の多くのレシピを作ることができます（代用についてはP6の各調味料を参照）。

● **砂糖について**
この本のレシピではペーストタイプのココナッツシュガーを使用しています。ココナッツシュガーの粉末または白砂糖で代用する場合は量を多めにし、味見をしながら適宜調節ください。ただし、材料に「ココナッツシュガー（ペースト）」と記載してある場合は、粉末タイプまたは白砂糖を代用するとコクととろみが足りず本場の味とは異なりますのでご了承ください。(P84のコラム参照）

● **唐辛子について**
タイの唐辛子は冷凍で市販されていることが多く、その場合は冷凍の状態のまま使用してください。解凍すると水分が出て、切ったりつぶしたりする際に扱いづらくなります。

レシピでは、プリックチンダーとプリックキーヌー・スワンの分量に幅をもたせています。下記を参考に調節ください。
プリックチンダー：細かくつぶした場合。辛みを足す。
　1本＝マイルドな辛さ／2～3本＝中辛／4本以上＝大辛
プリックキーヌー・スワン：軽くつぶした場合。風味づけに使用。
　1～5本＝マイルドな辛さ／6～10本＝中辛／10本以上＝大辛

● **ライムについて**
本場タイではライムを使いますが、レモンでも代用できます。ただしライムよりも酸味が少ないため、量を多めにして味見をしながら適宜調節ください。果汁100％のライム汁も市販されています。

● **パクチーについて**
材料に記載しているパクチーは以下の部分を指しています。
パクチーの根＝根と根元から3～5cmの茎も含む
パクチー＝茎と葉（根は切り落とす）　1株＝5～6本
パクチーの葉＝葉のみ

タイ料理の調味料

この本で使っているタイの主な調味料をご紹介します。
ブランドによって味わいが異なるので、味見をしながら使いましょう。

シーユーカオ
大豆を発酵させて作る醤油。上品な塩味で使いやすく、日本の薄口醤油で代用できる。中国由来の料理、炒めもの、辛くないスープに使われる。

タオチオ
大豆が原料の味噌で、コクと旨味、塩味が特徴。野菜炒めとの相性が良く、空心菜の炒め、茄子のバジル炒めには欠かせない。日本の味噌で代用できる。

シーズニングソース
本場タイ料理の風味を出すために欠かせない調味料。大豆を原料にしたコクのあるソースで、炒めもの、焼き鳥の漬け込み調味料、卵料理のソースなどに。

チリソース
唐辛子を主原料にした、にんにく、酢などから作られるとろみのあるソース。タイ風卵焼きや揚げもののソースなどによく使われる。

オイスターソース
カキを原料にした旨味とまろやかな塩味のあるソース。とろみのある料理や中国由来の料理、肉や野菜の炒めものによく使われる。中国料理のオイスターソースで代用する場合は、量を少なめにして調節する。

ナムプラー
塩漬けした小魚を発酵させた魚醤。独特の風味が特徴であらゆる料理に使われる。ブランドによって発酵期間（塩分）が異なる。本書で使うのは風味があっさりとしたタイプ。

酢
醸造後に蒸留しているため刺激臭が少なく、まろやかな酸味が特徴。麺料理やお粥に加えたり、ソースの材料に使われる。日本の米酢で代用する場合は同分量の水で割ってから使用する。

タマリンド
マメ科の植物で、ペースト状の実を固めたもの(使い方はP9参照)。酸味がまろやかで、パッタイ、サラダ、ソースなど幅広い料理に活躍。ライムと合わせると酸味の奥深さを楽しめる。

カレーペースト(グリーン/レッド)
手軽にカレーを作りたいときや、タイ料理初心者は市販のペーストを使うと便利。炒めものやソースの材料にも。ブランドによって辛味と塩分が異なる。

ココナッツミルク
まろやかなコクと風味があり、カレーやデザートに使われる。乳化剤が入っていると油が分離しないため、カレーを作るときは無添加のもの(下)を選ぶ。

ココナッツシュガー ペースト(左) ココナッツネクター(右)
ヤシの花蜜から作られたもので、コクのある甘さが特徴。本書ではペーストを料理に使う。白砂糖で代用する場合は量を多めにして調節する。ネクターはドリンクに使われ、はちみつで代用可能。P5、84も参照。

ナムプリックパオ(チリインオイル)
唐辛子、干し海老、にんにくなどをすりつぶして油と炒めた万能調味料。トムヤムクン、炒めもの、ソースなどに使い、タイではパンに塗って食べることも。オイル部分は料理に赤味を出したいときに使用。

※調味料の購入先はP112を参照

手作りの調味料

香りや風味づけのために頻繁に登場する調味料は、
市販品も便利ですが、手作りならさらに風味が高まります。

1 サームグルー（基本の調味料）

タイ語で「仲良し三人組」という意味で、三つの食材を合わせたタイ料理の味の決め手となる調味料。炒めものや肉の漬け込み調味料など多くのレシピに登場します。

材料
にんにく …… 1片
パクチーの根 …… 1本
白粒こしょう …… 小さじ¼

作り方
すべての材料をクロックに入れて細かくつぶす。作り置きをしておくと便利で、少量のサラダ油を混ぜ合わせてから密閉容器に入れると、変色せずに冷蔵庫で約2週間保存できる。

2 カオクア（炒り米粉）

イサーン（タイ東北部）の調味料のひとつで、ハーブと一緒に炒った香り高いお米。ラープ（P27）に使うのが有名で、ソースなどの材料にもよく使われます。

材料
タイ米 …… 大さじ3
もち米 …… 大さじ6
バイマックルー …… 2枚
レモングラス（斜め薄切り）…… 1本

作り方
すべての材料をフライパンできつね色になるまで炒り、ミキサーで細かくする。
密閉容器に常温で約1ヶ月保存可能。市販品もある。

3 粗挽きピーナッツ

料理にコクを与え、食感も楽しめます。卓上調味料として麺類に加えたり、生春巻き（P21）やサテ（P37）のソース、パッタイ（P73）などに使われます。

材料
ピーナッツ

作り方
フライパンにピーナッツを入れ、焦げ目がつくまで炒る。クロックに入れて粗くつぶす。密閉容器に入れ、常温で約2週間保存できる。

4 ガディアムジアオ（にんにく油）

油で揚げた香ばしいにんにくは汁もののトッピングに。オイルは麺にからめたり、炒めものなどに使います。

材料
にんにく …… 50g
サラダ油 …… 100㎖
塩 …… ひとつまみ

作り方
にんにくは薄皮がついたままみじん切りにする。フライパンにサラダ油を熱し、弱火できつね色になる直前まで炒め、塩を加え、すぐに火から下ろす。ザルで漉し、油とにんにくを別の密閉容器に入れる。冷蔵庫で1ヶ月保存できる。

5 プリックポン（粉唐辛子）

炒った唐辛子の風味が特徴で、辛さを調節するときに便利。麺料理、サラダ、ソースによく使われます。

材料
赤唐辛子（乾燥）

作り方
フライパンに赤唐辛子を入れ、香りが立つまで炒る。クロックに入れて細かくつぶす。密閉容器に入れ、常温で約1ヶ月保存できる。市販品もある。

6 タマリンド汁

まろやかな酸味の調味料。カレー、スープ、ソースによく使われます。ライムの酸味と合わせると奥深い酸味に。

材料
タマリンド …… 30g
水 …… 120㎖

作り方
ボールに材料を入れ、手でほぐしながら溶かす。ザルで漉して汁を使用する。保存の際は沸騰させてから密閉容器に入れると、冷蔵庫で約5日間保存できる。市販品もある。

手作りのソース

タイ料理はさまざまなソースと一緒にいただきます。
卓上調味料としても便利なソースをご紹介します。

1 アーチャード（野菜の酢漬け）

サテ（P37）などの焼きもの、豚トースト（P39）などの揚げもののソースに。汁と一緒に野菜も食べます。

材料

酢 …… 70ml
白砂糖 …… 70g
塩 …… 小さじ1・½
きゅうり（半月切り）…… ½本
ホムデーン（薄切り）…… 3個
プリックチーファー（輪切り）…… ½本

作り方

鍋に酢、白砂糖、塩を入れて火にかけ、沸騰するまでよく混ぜる。1分沸騰させたら火から下ろして冷ます。きゅうり、ホムデーン、プリックチーファーを入れて完成。

2 ナムプラープリック（唐辛子入りのナムプラー）

タイの食卓には欠かせない調味料。カレーやおかず、豚肉のチャーハン（P83）などを、自分好みの辛味と塩味に調節するときに使います。

材料

プリックチンダー（薄切り）…… 2〜3本
にんにく（小・薄切り）…… 1片
ナムプラー …… 大さじ2
ライム汁 …… 小さじ1

作り方

ボールにすべての材料を合わせ、よく混ぜ合わせる。

3 梅スイートソース

酸味のある梅干しのソース。海老のさつま揚げ（P42）など魚介の揚げものと相性ぴったり。辛くないので子どものスイートチリソースの代用としても最適です。

材料

梅干し（みじん切り）…… 1個
酢 …… 70ml
白砂糖 …… 70g
塩 …… 小さじ1

作り方

鍋にすべての材料を入れて火にかけ、沸騰するまでよく混ぜる。2分沸騰させたら、火から下ろして冷ます。冷蔵庫で約3ヶ月保存できる。

4 ナムチムジャオ（東北部のたれ）

ナムプラー、カオクアが入った刺激のあるイサーン（タイ東北部）のたれで、焼き鳥（P35）に使うのが有名。肉との相性が良く、焼豚やステーキにもおすすめです。

材料

ナムプラー …… 大さじ2
タマリンド汁（P9）…… 大さじ2
ライム汁 …… 小さじ2
カオクア（P9）…… 小さじ2
ココナッツシュガー …… 小さじ1
プリックポン（P9）…… 小さじ1〜2
青ねぎ（5mmに切る）…… 適量

作り方

ボールにすべての材料を合わせ、よく混ぜ合わせる。

5 スイートチリソース

辛味のある甘酸っぱい万能ソース。さらさら、とろとろの2種があり、さらさらタイプは揚げものや生春巻き（P21）に、とろとろタイプは焼き鳥（P35）などの焼きものに。

材料

酢 …… 50ml
白砂糖 …… 70g
塩 …… 小さじ1
にんにく（小・細かくつぶす）…… 4片
プリックチーファー（細かくつぶす）…… 1本

作り方

鍋にすべての材料を入れて火にかけ、沸騰するまでよく混ぜる。さらさらタイプは30秒、とろとろタイプは2分沸騰させ、火から下ろして冷ます。密閉容器に入れ、冷蔵庫で約1ヶ月保存できる。

保存は密閉容器に

作り置きをしたい場合は、密閉でき、状態を確認できる透明の容器に保存。ジャムの空きビンなどを使っても便利です。

ホーラパー（タイのスイートバジル）
葉が厚く、強い清涼感が特徴。カレーや炒めものに使うほか、料理に添えて生のまま食べることも。新聞紙にしっかりと包んで冷蔵庫（野菜室）で保存する。長期保存はガパオと同様。

ガパオ（ホーリーバジル）
刺激的な香りと辛味のあるハーブ。辛味のある炒めものやカレーに使われる。長期保存の際は、さっと茹でて冷水にとり、ラップに包んで冷凍する。短期保存はホーラパーと同様。

レモングラス
爽やかな香りをもち、トムヤムクン（P45）などスープに欠かせない。サラダなど生で食べる場合は根元から10cmの紫色の部分を使う。生食以外は冷凍保存できる。

タイ料理で使う
ハーブ、スパイス、食材

タイ料理の複雑な味わいを作るために欠かせない、ハーブ、スパイス、野菜などの食材をご紹介します。

ライム
あらゆる料理に刺激のある酸味を加える大切な食材。果汁100％のライム汁の市販品もある。レモンで代用する場合は量を多めにして使う。

プリックチーファー
6〜9cmの唐辛子で辛さは控えめ。スイートチリソース（P11）など、赤色を足して辛味を抑えたい料理に使う。香りと辛味は変わるが赤ピーマンでも代用可。

青パパイヤ
未熟のパパイヤを野菜として使用。生で食べると食感が楽しく、ソムタム（P24）が有名。タイではカレーの具材や炒めものにも使われる。

ホムデーン（赤わけぎ）
玉ねぎより香りが強く、甘味が少ない。カレーペーストや鶏肉とハーブのココナッツミルクスープ（P47）などのスープ、サラダに。赤玉ねぎで代用できる。

バイマックルー
（こぶみかんの葉）

柑橘系の爽やかな香りでスープの香りづけに使う。手でちぎって使うときは中央の太い葉脈を取り除く。冷凍保存でき、解凍してから使用。

パクチー（葉、根）

独特の香りが特徴でタイ料理に欠かせない存在。根と根元から3〜5cmの部分はタイ料理の味の要で、基本の調味料となるサームグルー（P9）やスープのだしなどに使われる。葉は飾りつけなどに使用。パクチーは湿らせた新聞紙に包むと冷蔵庫で長く保存できる。

スペアミント

清涼感のある香りが特徴。イサーン（タイ東北部）の料理によく使われる。ラープ（P27）などの料理や、辛味の強い料理の付け合わせにも。葉にハリが出るまで茎を水に浸し、キッチンペーパーで包んでからビニール袋に入れ、冷蔵庫で保存する。

カー

ショウガ科の植物。生姜よりも香りが強く、ほんのり辛味がある。鶏肉とハーブのココナッツミルクスープ（P47）などのスープやカレーペーストに使う。冷凍庫で保存できる。

クミン

独特の強い香りと苦味、辛味があり、カレーペーストなどに使われる。

プリックキーヌー・スワン

タイ料理に使う唐辛子のなかで一番小さく（2〜3cm）、辛味が強い。ドレッシングやトムヤムクン（P45）などに使われる。風味が良いため火を通さずに使うことが多い。成熟すると緑から赤色に変化する。熟す前のほうが香りがよい。プリックチンダーで代用でき、量を少なめにして半分に切って使う。

プリックチンダー

プリックキーヌーの一種。正式名はプリックチンダーデーンで、プリックデーンなどとも呼ばれる。4〜5cmの唐辛子で、程良い辛さで使いやすい。ガパオ（P79）などほとんどの炒めものに使われる。ドレッシングの材料にも。細かくつぶすほど辛みが増す。

コリアンダーシード

パクチーの種子。葉のような独特の香りはなく、柑橘系の爽やかな香り。カレーペーストや漬け込み調味料などに。

白こしょう

完熟したこしょうの実を乾燥させて皮を除いたもので、タイ料理では白粒こしょうを使う。黒こしょうは未熟な実を乾燥させたもので香りが強いため、量を少なめにして代用する。

その他の食材

タイ料理でよく使う米、麺、色づけに使うお茶などの食材です。

1 干し海老
小型の海老を乾燥させたもので、料理にコクと旨味を与える。ソムタム（P24）や豚スペアリブと大根のスープ（P51）などの料理、ナムプリックパオなどの調味料に使われている。

2 ハイビスカスティー（乾燥）
ローゼルの花を乾燥させたもので、煮出すと美しい赤色のお茶になる。独特の酸味が特徴で、アントシアニンやビタミンC、クエン酸が豊富。鮮やかな赤色を生かしてドリンク（P89）に。

3 バタフライピー（アンチャン）ティー（乾燥）
鮮やかなブルーが印象的なタイの女性に人気のお茶。レモンなどで酸味を加えると紫色に変化する。お米と一緒に炊いて色づけに使ったり（P77）、ドリンクに。

4 もち米
タイのもち米は粘りが少ないことが特徴。イサーン（タイ東北部）では主食として食べられている。ほのかな甘味があり、辛い料理と相性抜群。3時間〜一晩浸水させてから蒸し器で炊く。

5 ジャスミンライス
ジャスミンの花のような美しい白色のお米でタイの在来種。パンダンリーフに似た甘い香りともちもちした食感が特徴。水分量を少し減らして炊飯器で炊く。

6 センヤイ
タイは「セン・クィティアオ」と呼ばれる米麺が主流。太さ1cmのセンヤイは米麺のなかで一番太く、もちもちした食感。鶏肉と太麺の炒め（P80）やスープ麺に。

7 センレック（5mm／3mm）
太さ3〜5mmの米麺。この本では3mmをライスヌードルラーメン（P81）に、5mmをパッタイ（P73）に使用。スープ麺にも炒め料理にも相性が良い。

8 春雨（ウンセン）
タイ産の春雨は緑豆のでんぷんから作られたものが主流で、もちもちした弾力がある。豆腐と春雨のスープ（P51）、海老の春雨蒸し（P63）などに。

タイの調理道具

本格的なタイ料理を作るときに持っていると便利な
タイならではの調理道具をご紹介します。

クロック

食材をつぶして混ぜるときに使うのがクロック（臼）とサーク（棒）。サームグルーやカレーペーストなど材料を強くつぶして混ぜるときは石製（写真手前）を、ソムタムなど材料をたたきながら混ぜるときは木製か素焼き（写真右奥）のクロックを使います。使うときは下に布巾を敷くと、音が響かず、キッチンも傷つきません。クロックがない場合は、ジッパー付き保存袋にみじん切りにした材料を入れて、棒でたたいてつぶしましょう。

ホーローのトレイ

ホーローとは、鉄やアルミなど金属素材の表面にガラス質の釉薬を焼きつけてコーティングしたもの。タイでは、昔なつかしい花柄やモダンなデザインなどさまざまなホーローが人気です。大きさの異なるトレイを数枚持っておくと、バット代わりに重宝します。バナナリーフを敷いて器として使ってもおしゃれです（P100を参照）。

カービングの道具

タイ料理では野菜にカービング（飾り切り）を施して華やかに演出します。波型ピーラー（写真1）と波型包丁（写真2）は、使うだけで野菜にギザギザの形を施せます。カービングナイフ（写真3、デザインナイフで代用可能）を使うとさらに細かなカービングを施せます。（P16「野菜のカービング」を参照）

野菜のカービング（飾り切り）

スコータイ王朝から続くタイの伝統的な技術のひとつ。
料理にカービングした野菜を添えることで、タイらしく、華やかになります。
この本の料理に使っている、食べられる簡単なカービングをご紹介します。

1 葉形にんじん

長さ7〜8cm、厚さ5mmに切り、葉の原型を切り抜く。

葉脈の模様に切り目を入れてくり抜く。

木の葉の形にギザギザの切り込みを入れる。

2 花形にんじん（立体）

先端から2cmの部分から、下1cmを残して切り込みを入れる。

5ヶ所に切り込みを入れ、先端を握って回し取る。(2-a)

花びらの部分にカーブをつけて切り抜くと2-bになる。

波型ピーラーで皮をむいてから作ると2-cになる。

3 花形にんじん（輪切り）

皮をむき、5ヶ所にV字の切り込みを入れる。好みの厚さに輪切りにする。(3-a)

波型ピーラーで皮をむいてから輪切りにすると3-bに、さらにV字の切り込みを入れると3-cになる。

4 花形ねぎ

青ねぎの青い部分を1.5cm長さに切り、5mmを残して縦に細かく切り込みを入れる。

水に浸けると花びらが開く(4-a)。白い部分で作ると4-bになる。

aにbを重ねると4-cになる。

5 ねぎのカール

青ねぎの先端の青い部分を使い、縦半分に切り込みを入れる。

ナイフの背でしごくようにカールをつけ、水に浸ける。(5-a)

1で細かく切り込みを入れた後、水に浸けると5-bになる。

6 赤ピーマンの飾り千切り

皮についている果肉を包丁で薄くそぎ取る。

皮を一方の端が尖るように千切りにする。

7 波形きゅうり

1 波型包丁を使って斜め切りにする。

8 花形きゅうり

1 3cm長さに切る。側面から中心に向かってV字にナイフを入れていく。

2 ゆっくりと上下のきゅうりをはなす。

9 花形きゅうり（いんげん入り）

1 2cm長さに切り、種の部分を丸くくり抜く。

2 V字に切り込みを入れ、花びらを作る。

3 中に3cm長さに切ったいんげんを3〜4本入れる。

10 葉形きゅうり

1 1本を8〜10cm長さに切り、縦半分に切って葉の形に切り抜く。

2 主脈となる部分を残すようにし、葉脈となる部分を切り抜く。

3 葉脈となる部分にナイフをV字に入れて葉の模様を作る。

11 トマトのバラ

1 ヘタを残して皮をむいていく。徐々に幅が狭くなるようにむくと、立体感が出て仕上がりが美しくなる。

2 先端からきつく巻いていき、切れ目がきれいなほうを上にしてヘタの上にのせる。

12 編み込みきゅうり

1 波型ピーラーで細長く皮を6本むく。

2 3本×3本に皮を並べ、縦と横を交互に浮き沈みさせながら編んでいく。

──────── Chapter 1

サラダ、前菜
สลัด ยำ

タイ料理の特徴は、辛味、酸味、甘味、塩味、旨味。この5つのバランスが良いのがサラダと前菜です。野菜に加え、肉や魚、ハーブも入って栄養も満点。おもてなしの始まりにぴったりの料理をご紹介します。

生春巻き

ポーピア・ユアン
ปอเปี๊ยะญวน

ベトナム風の生春巻きはタイでも人気の一品。
生野菜を使うのが特徴で、簡単に準備ができます。
巻き方のコツを覚えれば、美しく仕上げられます。

材料（4本分）

海老 …… 6尾	ライスペーパー …… 4枚
にんじん …… 1/2本	リーフレタス(小) …… 4枚
きゅうり …… 1本	ソース
カニかまぼこ …… 4本	スイートチリソース(P11) …… 適量
ホーラパー …… 適量	粗挽きピーナッツ(P9) …… 適量
スペアミント …… 適量	

作り方

1 海老は茹でて殻をむき、半分の厚さに切る。にんじん、きゅうりは千切りにする。ホーラパー、スペアミントは手でちぎる。スペアミントは飾り用に少量をとっておく。

2 ライスペーパーを1枚ずつぬるま湯にさっとくぐらせて戻す。まな板にライスペーパーを置き、手前1cmを空け、リーフレタスの表面を下にして左端に葉先が出るようにのせる。その上ににんじん、きゅうり、カニかまぼこ、ホーラパー、スペアミントをのせる。ライスペーパーの向こう側1cmを空け、表面を下にして海老3切れを並べる。具材がまとまるようにリーフレタスで巻いて元の位置に戻す。ライスペーパーで真ん中まで巻いたら、右端を折りたたんで巻き上げる。

3 器に盛り、スペアミントを飾る。スイートチリソースに粗挽きピーナッツを加えたソースを添える。

◈ 盛りつけのPoint ◈

そのまま盛りつければカジュアルなフィンガーフードに。カットして高低差を出すとおしゃれな印象になります。

盛りつけのアレンジ

波型ピーラーできゅうりの皮をむき、器に網目状に敷いた上に盛りつけると華やかさが増します。（作り方はP18参照）

アジとハーブのサラダ

ミアン・プラートゥー
เมี่ยงปลาทู

「ミアン」とは、葉ものに具材とソースをのせて食べるひと口サラダのこと。
たっぷりのハーブと甘辛いソースで楽しみます。
本場タイではアジによく似た「プラートゥー」というサバ科の魚を使います。

材料（4人分）

- アジ …… 1尾
- 卵 …… ½個
- 揚げ油 …… 適量
- 新生姜 …… 30g
- ライム …… ½個
- ホムデーン …… 20g
- レモングラス …… 2本
- そうめん …… 1束
- ピーナッツ …… 60g
- レタス …… 適量
- パクチー …… 適量

ナムチム（ソース）
- プリックチンダー …… 1〜2本
- にんにく …… 1片
- ココナッツシュガー（ペースト） …… 大さじ2
- ライム汁 …… 大さじ1
- ナムプラー …… 大さじ1・½

作り方

1. アジはさいの目に切り、溶き卵にからめる。フライパンに鍋底から5mmほど揚げ油を入れて熱し、アジを揚げる。卵をからめることで形が崩れにくく、色味がきれいに揚がる。
2. 新生姜、ライム、ホムデーンは7mm〜1cmの角切りにする。レモングラスは根元に近い紫色の部分を2〜3mm幅の輪切りにする。そうめんは茹でて冷水でしめる。ピーナッツは炒る。
3. ナムチムを作る。プリックチンダー、にんにくをクロックで細かくつぶし、ココナッツシュガー、ライム汁、ナムプラーと合わせてよく混ぜる。
4. 器に1と2の具材、ナムチム、レタス、パクチーを盛りつける。レタスに具材をのせ、ナムチムをかけて巻いて食べる。

盛りつけのPoint
タイでは魚を丸ごと器に盛りますが、SIRI KITCHENスタイルでは食べやすいようにひと口サイズ。それぞれの具材を小皿に盛りつけると、取り分けるときにも便利です。

盛りつけのアレンジ①

レタスを小さくちぎってひと口分の具材をのせ、レンゲに盛りつけると手に取りやすいパーティー料理に。

盛りつけのアレンジ②

取り分けるスタイルでなく、ゲストが食べやすいように一人分ずつ盛りつけるのもおすすめです。

青パパイヤのサラダ

ソムタム・タイ
ส้มตำไทย

イサーン(タイ東北部)の方言で「ソム」は「すっぱい」、「タム」は「たたく」という意味。東北部の代表的なサラダで、食材によって多くのソムタムの種類があります。そのなかでも日本人に馴染みやすいソムタム・タイをご紹介します。

タイでは手の平にのせて青パパイヤを切りますが、慣れないと危険なので千切りにするとよいでしょう。

材料(2〜3人分)

青パパイヤ …… 100g
にんじん …… 20g
ミニトマト …… 3個
いんげん …… 2本
ピーナッツ …… 30g
干し海老 …… 10g
サラダ油 …… 小さじ¼
にんにく …… 1片
プリックチンダー …… 1〜3本

ナムソムタム(ドレッシング)
ライム汁 …… 大さじ2
ナムプラー …… 大さじ2
ココナッツシュガー(ペースト)
　　　…… 大さじ2
タマリンド汁(P9) …… 大さじ½

付け合わせ(お好みの具材)
そうめん
茹で卵
キャベツ
きゅうり
いんげん
葉形にんじん(P17)
花形にんじん(立体、P17)

作り方

1. 青パパイヤ、にんじんは千切りにする。青パパイヤは冷水に浸けた後、水気を切る。ミニトマトは縦半分に切り、いんげんは3cm長さに切る。干し海老はサラダ油をからめ、ラップをかけてカリカリになるまで約40秒電子レンジにかける。
2. ナムソムタムを作る。すべての材料をよく混ぜ合わせる。
3. にんにく、プリックチンダーをクロックで強くつぶし、いんげん、ピーナッツ、干し海老を加えてやや力を入れてつぶす。にんじん、青パパイヤ、ミニトマトを加え、青パパイヤがややしんなりするまで軽くつぶす。ナムソムタムを加え、よく混ぜ合わせる。
4. 器に盛り、付け合わせを添える。

盛りつけのPoint

近年タイで流行しているのが、付け合わせと一緒にトレイに盛りつけるスタイル(ソムタム・タード)。タイ風焼き鳥(P35)などの肉類、もち米を合わせるのもおすすめです。

目玉焼きスパイシーサラダ

ヤム・カイダオ
ยำไข่ดาว

簡単なので、タイの家庭でよく作られているサラダです。
材料を混ぜ合わせた状態で提供するのがタイの定番ですが、
SIRI KITCHENスタイルでは直前にドレッシングをかけて卵の食感を楽しみます。

材料(4人分)

卵(S) …… 4個
赤たまねぎ …… ¼個
ミニトマト …… 4個
きゅうり …… ½本
青ねぎ …… 2本
セロリの葉 …… 6〜8枚
揚げ油 …… 適量

ヤムドレッシング
- プリックキーヌー・スワン …… 6〜12本
- 赤ピーマン …… ½個
- ライム汁 …… 大さじ2
- ナムプラー …… 大さじ2
- ココナッツシュガー …… 大さじ1

作り方

1. 赤たまねぎは薄切りに、ミニトマトは縦半分に切る。きゅうりは縦半分に切って斜め薄切りに、青ねぎは3〜4cm長さに切る。セロリは葉を手でちぎる。
2. ヤムドレッシングを作る。プリックキーヌー・スワンは軽くつぶし、赤ピーマンはみじん切りにする。すべての材料をよく混ぜ合わせる。
3. フライパンに鍋底から1cmほど揚げ油を入れて熱し、やや強火で卵を揚げる。焦げ目がついたら裏返し、黄身に火が通るまで揚げる。焦げやすいので注意。粗熱がとれたら、4〜6等分に切る。
4. 器に卵、野菜、ドレッシングを盛りつける。すべての具材を混ぜ合わせて食べる。

❖ **盛りつけのPoint** ❖
器の中央にドレッシングを入れた小皿をのせ、周りに具材を盛りつけると彩り良く華やかになります。

豚肉とハーブの
スパイシーサラダ

ラープ・ムー
ลาบหมู

ハーブとカオクアの香りが特徴的なイサーン（タイ東北部）の料理。
「幸運」を意味する「ลาก（ラープ）」と発音が同じことから、
タイではお祝い事の席でもよく食べられています。

材料（4人分）

- 豚ロース肉 …… 200g
- 青ねぎ …… 2本
- スペアミント …… 15枚
- ホムデーン …… 2〜3個
- 水 …… 30㎖
- カオクア（P9）…… 大さじ2
- プリックポン（P9）…… 小さじ1〜2
- チコリ …… 12枚

ドレッシング
- ナムプラー …… 大さじ2
- ライム汁 …… 大さじ2
- ココナッツシュガー …… 大さじ½

- スペアミント（飾り用）…… 適量
- エディブルフラワー …… 適量
- きゅうり …… 適量
- いんげん …… 適量

作り方

1. 豚ロース肉は包丁でたたいてみじん切りにする。青ねぎは5㎜に切る。スペアミントは手で葉をちぎる。ホムデーンは薄切りにする。
2. ドレッシングを作る。すべての材料を混ぜ合わせる。
3. 鍋に水を入れて沸かし、豚肉を加えてぱらぱらにほぐしながら火が通るまでよく混ぜる。火から下ろし、ドレッシング、カオクア、青ねぎ、スペアミント、ホムデーン、プリックポンを順に加え、よく混ぜ合わせる。火が通るとカオクアの食感が楽しめないので注意。
4. チコリに3の具材を盛り、スペアミント、エディブルフラワーを飾る。きゅうり、いんげんを添える。

盛りつけのPoint

キャベツなど生野菜を添えてそのまま器に盛りつけるのがタイの定番ですが、SIRI KITCHENスタイルではチコリを器に見立てて上品な趣きのフィンガーフードにします。

Siri's Story

パイナップルを入れるのは私の母親ならではのアイデア。パイナップルに含まれる酵素が豚肉のたんぱく質の消化を助けてくれるので、体にもやさしいレシピです。

焼豚スパイシーサラダ

ヤム・ムーヤーン
ยำหมูย่าง

赤、紫、黄色、緑の食材の彩りが鮮やかなサラダ。
香ばしく焼いた豚肉と、パイナップルの甘味が相性抜群です。

材料(4人分)

豚ロース肉 …… 250g
漬け込み調味料
- にんにく …… 1片
- こしょう …… 小さじ¼
- オイスターソース …… 大さじ½
- シーズニングソース …… 大さじ½

きゅうり …… ½本
トマト …… 1個
赤たまねぎ …… ¼個
パイナップル …… 50g
セロリの葉 …… 10枚
青ねぎ …… 2本
サラダ油 …… 適量

ドレッシング
- プリックチンダー …… 3〜5本
- ライム汁 …… 大さじ3
- ナムプラー …… 大さじ2・½
- ココナッツシュガー …… 大さじ1・½

付け合わせ野菜
- レタス
- トマトのバラ(P18)
- 葉形にんじん(P17)

作り方

1. 漬け込み調味料を作る。にんにく、こしょうをクロックで細かくつぶし、オイスターソース、シーズニングソースと合わせてよく混ぜる。豚ロース肉を入れて冷蔵庫で約15分漬ける。
2. きゅうりは縦半分に切って5mm幅の斜め切りにする。トマトは5mm幅のくし形に切る。赤たまねぎは横半分に切って5mm幅に切り、パイナップルは拍子木切りにする。セロリの葉は手でちぎり、青ねぎは3cm長さに切る。
3. フライパンにサラダ油少々を熱し、豚肉の両面を焼く。5mm幅に切る。
4. ドレッシングを作る。プリックチンダーをクロックで細かくつぶす。ライム汁、ナムプラー、ココナッツシュガーを加えてよく混ぜる。
5. ボールに豚肉、きゅうり、トマト、赤たまねぎ、パイナップル、ドレッシングを合わせてよく混ぜる。セロリの葉、青ねぎを加えて軽く和える。器に盛り、付け合わせ野菜を飾る。

盛りつけのPoint

余裕があればトマトの皮をむき、バラの形に見立てて飾ると華やかに(作り方はP18参照)。トマトの中身はサラダの具材に使います。

Chapter 1 | サラダ、前菜

1 ホタテのナムプラーソース漬け

ホイシェル・シェー・ナムプラー
หอยเชลล์แช่น้ำปลา

ナムプラーの風味と唐辛子の辛味がきいた香り高いソースを楽しみます。
タイでは生海老を使うのが定番ですが、手に入りやすいホタテを使って作ります。

材料(4人分)
- ホタテ(刺身用) …… 4〜6個
- **ナムプラーソース**
  - にんにく …… 2片
  - パクチー …… 3本
  - プリックチンダー …… 2本
  - 赤ピーマン …… ½個
  - ライム汁 …… 大さじ2
  - ナムプラー …… 大さじ1
  - ココナッツシュガー …… 小さじ2
  - 塩 …… 小さじ⅛
- スペアミント …… 適量

作り方
1. ナムプラーソースを作る。にんにく、パクチー、プリックチンダー、赤ピーマンをみじん切りにする。すべての材料をよく混ぜ合わせる。
2. 1のソースに薄切りにしたホタテを入れ、冷蔵庫で15分漬ける。
3. 器にホタテを盛り、ソースの具材をのせる。ソースをかけ、スペアミントを飾る。

盛りつけのPoint
ホタテの中央にプリックチンダーなどソースの具材をのせ、器にゆっくりとソースを流すと、きれいに盛りつけられます。

2 フルーツのスパイシーサラダ

ソムタム・ポンラマイ
ส้มตำผลไม้

甘いフルーツに辛味と塩味のきいたドレッシングを合わせるのはタイならでは。
日本の方にとっては新鮮な味わいを楽しんでください。

Memo
酸味を足すためにタイ料理では多くの料理にライム汁を使います。果汁100％のライム汁が市販されているので、持っておくと便利です。

材料(4人分)
- りんご …… 100g
- パイナップル …… 100g
- ぶどう(皮ごと食べられるもの) …… 100g
- ミニトマト …… 5個
- 金柑 …… 2個
- **ドレッシング**
  - プリックチンダー …… 1〜2本
  - にんにく …… 1片
  - ココナッツシュガー(ペースト) …… 大さじ1
  - ライム汁 …… 大さじ1
  - ナムプラー …… 大さじ1・½
  - タマリンド汁(P9) …… 大さじ½
- カシューナッツ …… 35g
- 干し海老 …… 10g
- 揚げ油 …… 適量

作り方
1. りんごとパイナップルは2㎝角に、ぶどうとミニトマトは縦半分に切る。りんごは塩水(分量外)に浸けた後、水気を切っておく。金柑は輪切りにする。
2. ドレッシングを作る。プリックチンダー、にんにくをクロックに入れて細かくつぶし、残りの材料を加えて混ぜ合わせる。
3. フライパンに鍋底から1㎝くらい揚げ油を入れて熱し、カシューナッツ、干し海老の順に中火で揚げる。
4. ボールに1と3の材料を入れ、ドレッシングを加えてよく混ぜ合わせる。

盛りつけのPoint
彩りのバランスを考えながら、トマトや金柑の断面を見せるようにして盛りつけます。小さなグラスを使うと上品な雰囲気になります。

―― ❖ Column 1 ❖ ――

タイのおもてなしの基本

タイ料理でゲストをおもてなしするときに役立つ、
メニューの組み立て方や基本の食事マナーをご紹介します。

メニューは4〜6品が基本

　タイの家庭では食卓に2〜3品を出すのが一般的ですが、ゲストを招くときは4〜6品でおもてなしをします。

　タイにはいろいろな料理を一緒に食べる習慣があり、デザート以外のすべての料理を同時にテーブルにのせて、取り分けて食べるスタイルが定番。そのため、例えば塩味と辛味のある「アジ入り唐辛子野菜ディップ」(P61)には、甘酸っぱい「揚げ卵のタマリンドソースがけ」(P57)を合わせて、辛味、酸味、甘味、塩味の4つの味わいを楽しめるようにします。

　4〜6品でメニューを組み立てるときのポイントは次の通りです。❶味わいが似ている料理を2品以上入れない。例えばグリーンカレーとレッドカレーなど。❷食材のバランスを考える。肉料理が多い場合は、サラダや野菜炒めを合わせるのがおすすめ。❸焼きものや揚げものなどで、辛くない料理を少なくとも1品は入れる。

　また、タイ料理は海老やピーナッツを多く使うので、前もってアレルギーの有無を確認しておきましょう。特に、タイ出身のゲストを招くときは、宗教によって豚肉や牛肉など食べられない食材があるので確認が必要です。

全員がおいしく食べられる料理でおもてなしを

みんなで楽しめる料理でおもてなし

　おもてなしをするときにタイの人が一番大切にしていることは、その場にいる全員が楽しめるように料理を作ること。タイ人にも辛いものが苦手な人はいるため、料理は辛すぎないように作っておきます。P5「この本のレシピについて」の唐辛子の項目を参考にしながら、ゲストに合わせて辛さを調節してみてください。

　辛味や塩味を足したい人のために、テーブルにはナムプラープリック(P11)、プリックポン(P9)などの調味料を置いておきます。

卓上調味料は味わいを調節するために欠かせない存在

食べるときはスプーン&フォーク

　タイではお箸を使うのは麺類のときだけ。右手にスプーン、左手にフォークを持ち、基本的にスプーンを使って食べます。スプーンはナイフの代わりにもなるので、肉など大きなものを食べるときは、フォークで食材を押さえながらスプーンの縁を使って切ります。

　スープは器に直接口をつけず、音が立たないようにスプーンですくって飲むのがマナーです。また、辛味のあるスープをすすって飲むとむせやすいので気をつけましょう。

　取り分けて食べるスタイルの場合は、自分のスプーンで大皿から料理を取らず、必ず取り分け用のスプーンを使います。周りの様子に気を配りながら、少しずつよそうとよいでしょう。

右にスプーン、左にフォークをセッティング

―――― Chapter 2

焼きもの、揚げもの

ย่าง ทอด

他の料理とも相性が良く、パーティーのときに大活躍。それぞれの料理に合ったソースと一緒にいただきます。ご飯のおかずにも、お酒の肴にもなる、子どもから大人まで楽しめる料理を集めました。

1 タイ風焼き鳥

ガイヤーン
ไก่ย่าง

イサーン（タイ東北部）の名物料理で、もち米と一緒に食べるのが定番です。
ココナッツミルクに漬けることでまろやかな味わいに仕上げました。
スイートチリソースと一緒に楽しむのもおすすめです。

> **料理のアレンジ**
> 漬け込み調味料にさらにレモングラスを加えると爽やかな風味に、ウコンを加えると黄色の色味が美しくスパイシーに仕上がります。

材料（4〜6人分）
鶏もも肉 …… 600g
漬け込み調味料
　ココナッツミルク …… 80㎖
　※牛乳でも代用可
　サームグルー（P9） …… 大さじ1・½
　シーユーカオ …… 大さじ1
　シーズニングソース …… 大さじ1
　オイスターソース …… 大さじ1
　ココナッツシュガー …… 大さじ½
ナムチムジャオ（P11） …… 適量
パクチー …… 適量

作り方
1 漬け込み調味料のすべての材料を混ぜ合わせる。
2 耐熱容器にアルミホイルを敷き、1の調味料と鶏もも肉を入れてよく混ぜる。鶏肉の皮目を上にし、冷蔵庫で30分以上漬ける。アルミホイルを敷くことで鶏肉が取り出しやすく、容器に油がつきにくい。
3 耐熱容器ごと180〜200℃のオーブンで30〜40分焼く。食べやすい大きさに切る。
4 器に盛り、パクチーを飾る。ナムチムジャオを添える。

❖ **盛りつけのPoint** ❖
お皿の代わりにタイのおべんとう箱に詰めてもおしゃれ。持ち寄りパーティーにもぴったりです。

2 揚げラープ

ラープ・トード
ลาบทอด

カオクア（炒り米粉）をまぶして揚げた香ばしい肉団子で、
こちらももち米と合わせるのが定番。
お米の食感も楽しく、お酒の肴にもぴったりの一品です。

材料（4人分）
A
　豚ひき肉 …… 200g
　ホムデーン（みじん切り） …… 大さじ1
　レモングラス（みじん切り） …… 大さじ1
　スペアミント（みじん切り） …… 大さじ1
　青ねぎ（みじん切り） …… 大さじ1
　ライム汁 …… 大さじ2
　ナムプラー …… 大さじ1
　塩 …… 小さじ½
　プリックポン（P9） …… 小さじ1〜2
　パン粉 …… 大さじ2〜3
　カオクア（P9） …… 大さじ3
揚げ油 …… 適量
スペアミント …… 適量
付け合わせ野菜
　葉形きゅうり（P18）
　葉形にんじん（P17）
　花形にんじん（立体、P17）
　レタス
　いんげん

作り方
1 ボールにパン粉とカオクア以外のAの材料を加えてよく混ぜる。パン粉を少しずつ加え、丸く固められる固さになるまでよく混ぜ合わせる。
2 直径1.5cmの丸形に成形し、カオクアをしっかりとまぶす。フライパンに肉団子がかぶるくらいの揚げ油を入れて熱し、やや強火で揚げる。
3 器に盛り、スペアミントを飾る。付け合わせ野菜を添える。

Chapter 2 | 焼きもの、揚げもの

チキンのサテ

ガイ・サテッ
ไก่สะเต๊ะ

タイの屋台では専門店があるほど馴染みのある串焼き料理。
ココナッツミルクやスパイスに漬けたやわらかな鶏肉を、
味わいの異なる2種のソースで楽しみます。

材料（4人分）

鶏ささみ肉 …… 320g

漬け込み調味料
- クミン …… 小さじ½
- パクチーシード …… 小さじ½
- カー（みじん切り）…… 小さじ1
- レモングラス（みじん切り）
  …… 小さじ1
- ウコン（粉末）…… 小さじ½
- ココナッツミルク …… 50ml
- ココナッツシュガー …… 大さじ½
- 塩 …… 小さじ½

カレーピーナッツソース
- レッドカレーペースト（市販品）
  …… 大さじ½
- ココナッツミルク …… 200ml
- ココナッツシュガー …… 大さじ½
- タマリンド汁（P9）…… 小さじ½
- 粗挽きピーナッツ（P9）
  …… 大さじ2

ココナッツミルク …… 大さじ2
アーチャード（P11）…… 適量
竹串 …… 12本

作り方

1. 鶏ささみ肉は10cm長さに切り、半分の厚みに切る。
2. 漬け込み調味料を作る。クミン、パクチーシードを炒り、クロックで細かくつぶす。カー、レモングラスを加えてさらに細かくつぶす。すべての材料をよく混ぜ合わせる。鶏肉を入れて冷蔵庫で30分漬ける。
3. カレーピーナッツソースを作る。フライパンにレッドカレーペーストとココナッツミルクを入れて炒める。ココナッツミルクの油が分離してきたらココナッツシュガー、タマリンド汁で調味し、粗挽きピーナッツを加える。
4. 鶏肉を竹串に刺す。残った2の漬け込み調味料にココナッツミルク大さじ2を加え、鶏肉に塗りながらフライパンで焼く。
5. 4の串焼きを器に盛り、カレーピーナッツソースとアーチャードを添える。

Siri's Story

私が子どもの頃、残った食パンを使って母がよく作ってくれたトースト揚げ。時間が経って乾燥したパンを使うのは家庭ならではの知恵です。

1 海老トースト

カノムパン・ナークン
ขนมปังหน้ากุ้ง

食パンに海老のすり身をたっぷり塗って揚げる定番おつまみ。
海老の旨味と胡麻の香ばしさを、スイートチリソースが引き立たせます。

Point
海老のすり身だけを具材にすると仕上がりが固くなってしまいますが、豚バラ肉を混ぜ合わせることで弾力のある食感に仕上がります。

材料（12枚分）
- 食パン（サンドイッチ用）…… 6枚
- 海老（正味）…… 120g
- 豚バラ肉 …… 50g
- サームグルー（P9）…… 大さじ½
- ナムプラー …… 小さじ2
- 白胡麻 …… 大さじ1
- 黒胡麻 …… 大さじ1
- 揚げ油 …… 適量
- スイートチリソース（P11）…… 適量
- パクチー …… 適量

作り方
1. 食パンは半分に切り、100～120℃のオーブンで水分がなくなるまで約10分ずつ両面を焼く。しっかり水分を飛ばしておかないと油っぽい仕上がりになる。
2. 海老と豚バラ肉は一緒にみじん切りにする。
3. ボールに**2**の具材、サームグルー、ナムプラーを入れ、粘りが出るまでよく混ぜ合わせる。
4. パンに**3**を中央が厚めになるように塗り、白・黒胡麻をのせる。器に胡麻を敷き、パンを軽く押しつけるようにすると付けやすい。
5. フライパンにパンがかぶるくらいの揚げ油を入れて熱し、具をのせた側を下にして**4**を中火で揚げる。火が通ったら裏返し、カリカリになるまで両面を揚げる。
6. 器に盛り、パクチーを飾る。スイートチリソースを添える。

2 豚トースト

カノムパン・ナームー
ขนมปังหน้าหมู

アーチャードと一緒にいただくのがタイの定番。野菜の食感も楽しめます。
バゲットなどいろいろな種類のパンで作るのもおすすめです。

材料（12枚分）
- 食パン（サンドイッチ用）…… 6枚
- 豚ひき肉 …… 180g
- ナムプラー …… 大さじ1
- サームグルー（P9）…… 大さじ½
- ココナッツシュガー …… 小さじ1
- パクチーの葉 …… 12枚
- 赤ピーマンの飾り千切り（P17）…… 12本
- 卵 …… 1個
- 揚げ油 …… 適量
- アーチャード（P11）…… 適量
- パクチー …… 適量

作り方
1. 食パンを半分に切り、100～120℃のオーブンで水分がなくなるまで約10分ずつ両面を焼く。しっかり水分を飛ばしておかないと油っぽい仕上がりになる。
2. ボールに豚ひき肉、ナムプラー、サームグルー、ココナッツシュガーを入れ、粘りが出るまでよく混ぜる。
3. パンに**2**を押しつけるように塗り、パクチーの葉と赤ピーマンの飾り千切りをのせる。具を塗った側に溶き卵をつける。卵をつけることで飾りの野菜をコーティングしてきれいな色合いに揚がる。
4. フライパンにパンがかぶるくらいの揚げ油を入れて熱し、卵をつけた側を下にして中火で揚げる。火が通ったら裏返し、カリカリになるまで両面を揚げる。
5. 器に盛り、パクチーを飾る。アーチャードを添える。

Chapter 2 | 焼きもの、揚げもの

1 豚肉とニラの揚げ春巻き

ポーピアトード・クイシャイ・ムーサップ
ปอเปี๊ยะทอดกุยช่ายหมูสับ

春巻きといえば春雨を使うのが定番ですが、私の家では豚肉、ニラ、椎茸の組み合わせが大人気でした。具材を多めに作ったときは翌日のご飯のおかずに。

Point
具材を炒めるときはサラダ油を使わず、豚肉から出てきた油をそのまま使います。赤身が多いひき肉の場合はサラダ油を適宜足すとよいでしょう。

材料(10個分)
- 豚ひき肉 …… 150g
- ニラ …… 150g
- 干し椎茸 …… 6枚
- サームグルー(P9) …… 大さじ½
- ナムプラー …… 小さじ2
- オイスターソース …… 小さじ2
- 春巻きの皮 …… 10枚
- 小麦粉 …… 大さじ½
- 水 …… 大さじ½
- 揚げ油 …… 適量
- スイートチリソース(P11) …… 適量
- きゅうり …… 適量
- 赤ピーマン …… 適量
- パクチーの葉 …… 適量

作り方
1. ニラは1cm長さに切る。干し椎茸は水で戻してみじん切りにする。
2. フライパンを熱し、豚ひき肉を炒める。肉から油が出てきたらサームグルーを加え、香りが立つまで炒める。椎茸を加えてさらに炒め、ナムプラー、オイスターソースを加える。ニラを加えてさっと炒めたら火から下ろし、余熱で仕上げる。粗熱がとれたら10等分に分ける。
3. 春巻きの皮に2の具材をのせて巻き、水で溶いた小麦粉で端を止める。フライパンに鍋底から1cmほど揚げ油を入れて熱し、春巻きの表面がきつね色になるまで中火で揚げる。
4. 器に盛り、スイートチリソース、きゅうり、赤ピーマン、パクチーを添える。

盛りつけのPoint
グラスを使うときは、春巻きを9〜10cmの長さにして細く巻きます。グラスの底にソースを入れて盛りつけると、食べやすいフィンガーフードになります。

2 海老と豚肉の揚げ春巻き

トゥントーン
ถุงทอง

タイ語で「トゥン」は「袋」、「トーン」は「金」という意味で、見た目の華やかさと縁起の良さからお祝いの席でもよく食べられます。

材料(10個分)
- 豚ひき肉 …… 100g
- 海老(正味) …… 50g
- 干し椎茸 …… 2枚
- ニラ …… 10本
- サームグルー(P9) …… 大さじ½
- シーユーカオ …… 小さじ2
- ココナッツシュガー …… 小さじ½
- 春巻きの皮(小) …… 10枚
- 揚げ油 …… 適量
- スイートチリソース(P11) …… 適量

作り方
1. 海老、水で戻した干し椎茸をみじん切りにする。ニラは熱湯に2〜3分浸けて水気を切る。
2. ボールに豚ひき肉、海老、椎茸を入れ、サームグルー、シーユーカオ、ココナッツシュガーを加えて粘りが出るまでよく混ぜる。10等分に分ける。
3. 春巻きの皮を丸形に切り、2の具材をのせて茶巾に包み、ニラで結ぶ。フライパンに鍋底から3cmほど揚げ油を入れて熱し、春巻きの表面がきつね色になるまで弱めの中火で揚げる。
4. 器に盛り、スイートチリソースを添える。

盛りつけのPoint
1個ずつスプーンに盛りつけて、食感を楽しむためにソースは別添えにします。

海老のさつま揚げ

トードマン・クン

ทอดมันกุ้ง

海老のプリッとした食感と風味を贅沢に楽しめるさつま揚げ。
さっぱりとした梅スイートソースとの相性が抜群です。

材料(8個分)

- 海老(正味) …… 240g
- 豚バラ肉 …… 80g
- サームグルー(P9) …… 小さじ2
- シーユーカオ …… 小さじ2
- ココナッツシュガー …… 小さじ1
- 塩 …… 小さじ¼
- 胡麻油 …… 小さじ1
- パン粉 …… 20g
- 揚げ油 …… 適量
- 梅スイートソース(P11) …… 適量
- パクチー …… 適量

作り方

1. 海老⅔量、豚バラ肉を合わせてフードプロセッサーで細かくする(または細かくみじん切り)。残りの海老は1cm幅に切る。
2. ボールに**1**の材料、サームグルー、シーユーカオ、ココナッツシュガー、塩、胡麻油を入れ、粘りが出るまでよく混ぜ合わせる。8等分に分ける。
3. きれいな手に少量の胡麻油(分量外)を塗り、**2**の具材を丸形にして中央に指で穴を開けてリング状にする。穴を開けることで火が通りやすく、見た目もかわいく仕上がる。パン粉をまぶす。
4. フライパンに鍋底から2cmほど揚げ油を入れて熱し、**3**をきつね色になるまで揚げる。
5. 器に盛り、パクチーを飾る。梅スイートソースを添える。

Point

SIRI KITCHENスタイルではすり身だけでなく、1cm幅に切った海老も合わせることで、海老が丸ごと入っているかのような贅沢な食感を楽しめます。

———————— Chapter 3

スープ、カレー
ต้ม แกง

タイ料理には辛味の強いものから優しい味わいのものまで、味わいの異なるさまざまなスープとカレーがあります。特に、煮込まず作れるカレーは家庭の定番料理。ご飯と一緒にスープとカレーを楽しむのがタイ人たちのスタイルです。

海老とハーブの
スパイシースープ

トムヤムクン
ต้มยำกุ้ง

Point
このレシピではレモングラスは食べずに香りづけのためだけに使用します。長めに切っておくと取り除きやすく、食べるときの邪魔になりません。

世界三大スープのひとつとも呼ばれるタイの代表的な料理。
タイでは「こってり」「あっさり」の2種のスープがありますが、
日本でも定番のこってりスープのレシピをご紹介します。
牛乳の代わりにココナッツミルクを使うと、よりタイらしい味わいに。

材料(4人分)

- 海老(有頭) …… 4尾
- マッシュルーム …… 150g
- レモングラス …… 1本
- ホムデーン …… 2個
- パクチー …… 1株
- バイマックルー …… 5〜6枚
- 水 …… 600㎖

A
- ナムプラー …… 大さじ3〜4
- ナムプリックパオ …… 大さじ2
- ココナッツシュガー …… 小さじ1
- プリックキーヌー・スワン …… 6〜12本
- ライム汁 …… 大さじ2〜3
- 牛乳 …… 50㎖

作り方

1. マッシュルームは縦半分に切る。レモングラスは10〜12㎝長さに切り、香りがでやすいようにたたいてつぶす。ホムデーンは軽くつぶす。パクチーは飾り用に少量の葉をとっておき、残りは1㎝長さに切る。バイマックルーは手でちぎる。
2. Aの調味料をよく混ぜ合わせる。
3. プリックキーヌー・スワンは軽くつぶし、ライム汁に入れる。つぶした後にすぐにライム汁に入れることでプリックキーヌー・スワンの変色を防げる。
4. 鍋に水、レモングラス、ホムデーンを入れて火にかけ、2〜3分沸騰させたらマッシュルーム、2の調味料、海老を加える。海老に火が通って再び沸騰したら火を止め、牛乳、パクチー、バイマックルー、3を加える。火にかけたままライム汁を加えると苦味が出るので注意。
5. レモングラスを取り除き、器に盛りつけ、パクチーの葉を飾る。

盛りつけのPoint
海老の頭や具材が見えるように盛りつけると華やかになります。

料理のアレンジ

トムヤムクンにセンレックを入れると、麺にスープがからんでおいしく食べられます。ナムプリックパオのオイルをさらに加えると、赤色がきれいに仕上がります。

鶏肉とハーブの
ココナッツミルクスープ

トム・カー・ガイ
ต้มข่าไก่

トムヤムクンと並んで「タイの二大スープ」と呼ばれる人気のスープ。
カーやレモングラスなどハーブの香りがきいたさっぱりした味わいです。

材料(4人分)

鶏むね肉 …… 200g	ココナッツミルク …… 200㎖
マッシュルーム …… 100g	水 …… 300㎖
カー …… 20g	A
レモングラス …… 1本	┌ ナムプラー …… 大さじ3
ホムデーン(小) …… 2個	│ ライム汁 …… 大さじ2・½
バイマックルー …… 5〜6枚	│ ココナッツシュガー …… 大さじ½
パクチー …… 1株	└ プリックキーヌー・スワン …… 6〜12本

作り方

1. 鶏むね肉はひと口大に切る。マッシュルームは縦半分に切る。カーは皮の茶色の部分をむき、軽くつぶしてから1㎜幅の薄切りにする。レモングラスは軽くたたいてつぶしてから2㎜幅の斜め切りにする。ホムデーンは軽くつぶす。バイマックルーは手でちぎる。パクチーは飾り用に少量の葉をとっておき、残りを1㎝長さに切る。
2. Aのナムプラー、ライム汁、ココナッツシュガーをよく混ぜ合わせ、プリックキーヌー・スワンを軽くつぶして加える。調味料に入れることでプリックキーヌー・スワンの変色を防げる。
3. 鍋に水、カー、レモングラス、ホムデーン、鶏肉を入れ、アクをとりながら鶏肉に火が通るまで2〜3分沸騰させる。ココナッツミルクを加えて軽く沸騰したらマッシュルームを加える。ココナッツミルクの油が分離しないようにかき混ぜながら煮立てるとよい。
4. マッシュルームに火が通ったら火を止め、2、バイマックルー、1㎝に刻んだパクチーを加える。
5. 器に盛り、パクチーの葉を飾る。

盛りつけのPoint
大きな器に入れたタイ定番の取り分けスタイル。具材が見えるようにスープは器の8割程度まで入れます。

Point
たくさんのハーブが入ったスープは栄養満点。ハーブの効能を最大限感じられるように、レモングラスとカーは薄く刻んで食べられるようにしています。

Siri's Story

60年代、母はココナッツミルクを自分で絞って、庭先の野菜を採ってきてカレーを作っていたとのこと。新鮮な素材は甘味があるので、ココナッツシュガーを入れる必要がなかったそうです。

Chapter 3 | スープ、カレー

1 チキンのグリーンカレー

ゲーンキオワーン・ガイ

แกงเขียวหวานไก่

タイ語で「キオ」は「緑」、「ワーン」は「甘い」という意味。
甘いカレーということではなく、「おいしそうな緑色」を表しています。
煮込まずにすぐできるので、家庭の定番のカレーです。

Point

グリーンカレー、レッドカレーを作るときは、ココナッツミルクの油をしっかり分離させるのが伝統的な方法。カレーペーストのスパイスの香りを引き出し、油がフタとなって香りを保ってくれます。

材料（4〜6人分）

- 鶏もも肉 …… 320g
- 茄子 …… 200g
- ピーマン …… 1個
- バイマックルー …… 6枚
- ホーラパー …… 7〜10枚
- グリーンカレーペースト（市販品）…… 50g
- ココナッツミルク …… 400㎖
- ココナッツシュガー（ペースト）…… 大さじ1
- 水 …… 200㎖
- ナムプラー …… 大さじ1・½

作り方

1. 鶏もも肉は皮をとって食べやすい大きさに切る。茄子は皮をむいて乱切りに、ピーマンは1㎝幅の細切りにする。バイマックルーは手でちぎり、ホーラパーは飾り用に少量をとっておく。
2. フライパンにグリーンカレーペースト、ココナッツミルク⅓量（上部にある濃厚な部分）を入れ、ココナッツミルクの油がしっかり分離するまで煮立てる。鶏肉とココナッツシュガーを加え、残りの½量のココナッツミルク（上部の部分）を加え、もう一度油が分離するまで中火で煮立てる。
3. 残りのココナッツミルクと水を加え、沸騰したら茄子とピーマンを加える。野菜に火が通ったらバイマックルー、ホーラパーを加え、ナムプラーで調味する。味がくどくなるので煮込み過ぎに注意。
4. 器に盛り、ホーラパーを飾る。

2 牛肉とかぼちゃのレッドカレー

ゲーンペッ・ヌア・ファットーン

แกงเผ็ดฟักทองใส่เนื้อ

かぼちゃはレッドカレーに使う定番の食材。
スパイシーなカレーの辛さとかぼちゃの甘味が相性抜群です。

料理のアレンジ

グリーンカレーもレッドカレーも、そうめんとの相性が抜群。タイではそうめんによく似た米粉から作ったカノムジーンという麺が食べられています。

材料（4〜6人分）

- 牛切り落とし肉 …… 250g
- かぼちゃ（正味）…… 250g
- 赤ピーマン …… 1個
- バイマックルー …… 6枚
- ホーラパー …… 7〜10枚
- レッドカレーペースト（市販品）…… 50g
- ココナッツミルク …… 400㎖
- ココナッツシュガー（ペースト）…… 小さじ2
- 水 …… 200㎖
- ナムプラー …… 大さじ1・½

作り方

1. かぼちゃは食べやすい大きさに切り、3〜4分電子レンジにかけて8割火を通す。赤ピーマンは1㎝の細切りにする。バイマックルーは手でちぎり、ホーラパーは飾り用に少量をとっておく。
2. フライパンにレッドカレーペースト、ココナッツミルク⅓量（上部にある濃厚な部分）を入れ、ココナッツミルクの油がしっかり分離するまで煮立てる。残りの½量のココナッツミルク（上部の部分）とココナッツシュガーを加え、もう一度油が分離するまで煮立てる。
3. 残りのココナッツミルクと水を加え、かぼちゃ、牛切り落とし肉を加える。かぼちゃと牛肉に火が通ったら赤ピーマン、バイマックルー、ホーラパーを加える。ナムプラーで調味する。味がくどくなるので煮込み過ぎに注意。
4. 器に盛り、ホーラパーを飾る。

Chapter 3 | スープ、カレー

1 豚スペアリブと大根のスープ

トムチュー・ガドゥクムー・シャイタオ
ต้มจืดกระดูกหมูไชเท้า

「トムチュー」とは「辛くないスープ」のこと。大根の甘味がきいたやさしい味わいのスープは、寒い冬や風邪をひいたときにぴったりです。

料理のアレンジ

スープが残ったらご飯を入れてお粥にすると、タイの定番の朝ご飯に変身します(カオトム・ガドゥクムー)。プリックポンなどを添えて。

材料(4人分)

- 豚スペアリブ …… 250g
- 大根 …… 300g
- 干し椎茸 …… 2〜3枚
- 花形にんじん(立体、P17) …… 適量
- にんにく …… 1片
- パクチーの根 …… 1本
- こしょう …… 小さじ¼
- 青ねぎ …… 1本
- パクチー …… 1株
- 干し海老 …… 10g
- サラダ油 …… 小さじ¼
- 水 …… 1500㎖
- シーユーカオ …… 大さじ2〜3

作り方

1. 大根は3㎝厚さの輪切りにし、四〜六つ割りにする。干し椎茸は水で戻して半分に切る。にんにく、パクチーの根、こしょうは軽くつぶす。青ねぎは3㎝長さに切る。パクチーは飾り用に少量の葉をとっておき、残りは3㎝長さに切る。干し海老はサラダ油をからめ、ラップをかけてカリカリになるまで約40秒電子レンジにかける。少量をトッピング用にとっておく。
2. 鍋に水、豚スペアリブ、大根、椎茸、花形にんじん、にんにく、パクチーの根、こしょうを入れて強火にかけ、アクを取りながら沸騰させる。にんじんは火が通ったら取り出しておく。10分沸騰させたら中火にし、軽く沸騰させた状態で水分が3割程度減るまで30分ほど煮る。シーユーカオで調味したら火を止め、青ねぎ、パクチー、干し海老を加える。
3. 器に盛り、パクチーの葉、花形にんじん、干し海老を飾る。

2 豆腐と春雨のスープ

トムチュー・ウンセン・タオフー
ต้มจืดวุ้นเส้นเต้าหู้

タイ人にとって辛くないスープの定番と言えばこれ。
ガディアムジアオ(にんにく油)の香りがきいた具だくさんの栄養満点のスープです。

 Point

辛くないスープを作るときは、シーユーカオで調味すると上品な味わいに仕上がります。ナムプラーはトムヤムクンなどハーブやスパイスを使った刺激のあるスープに使います。

材料(4人分)

- 豆腐 …… 150g
- 春雨 …… 40g
- 白菜 …… 150g
- 青ねぎ …… 1本
- パクチー …… 1株
- 花形にんじん(輪切り、P17) …… 適量
- 水 …… 1000㎖
- シーユーカオ …… 大さじ2
- ガディアムジアオ(P9) …… 大さじ1

肉団子(12個分)
- 豚ひき肉 …… 120g
- サームグルー(P9) …… 大さじ½
- コーンスターチ …… 大さじ½
- シーユーカオ …… 小さじ1
- オイスターソース …… 小さじ1
- ココナッツシュガー …… 小さじ¼

作り方

1. 肉団子を作る。ボールにすべての材料合わせ、粘りが出るまでよく混ぜる。12等分にして丸形にする。
2. 豆腐と白菜は食べやすい大きさに切る。青ねぎは3㎝長さに切る。パクチーは飾り用に少量の葉をとっておき、残りは3㎝長さに切る。
3. 鍋に水を入れて火にかけ、沸騰したら1の肉団子を入れる。火が通ったら、花形にんじん、白菜を加え、シーユーカオで調味する。にんじんは火が通ったら取り出しておく。春雨を加え、春雨に火が通ったら豆腐、青ねぎ、パクチー、ガディアムジアオを加える。ひと混ぜして火を止める。
4. 器に盛り、パクチーの葉、花形にんじんを飾る。お好みでこしょう(粉末)とガディアムジアオの揚げにんにく(ともに分量外)をトッピングする。

簡単なのに本場の味
さっと作れる一品料理

あと一品足りないときに簡単にすぐ作ることができ、
どの料理と組み合わせても相性が良いレシピをご紹介します。

1 タイ風卵焼き

カイジアオ
ไข่เจียว

子どもから大人までみんなが楽しめる味わい。
スープやご飯など、どのような料理にも合います。

材料（2人分）

卵 …… 2個	揚げ油 …… 適量
青ねぎ …… 1本	パクチーの葉 …… 適量
玉ねぎ …… 10〜20g	赤ピーマンの飾り千切り(P17)
ナムプラー …… 小さじ1弱	…… 適量
	チリソース …… 適量

作り方

1. 青ねぎは1cm長さに、玉ねぎは薄切りにする。
2. ボールに卵、青ねぎ、玉ねぎ、ナムプラーを入れ、フォークを使ってよく泡立てる。
3. フライパンに鍋底から1cmほど揚げ油を入れて強火で熱し、2を入れて中火で揚げる。外側が膨らみ、内側に生の部分が少なくなってきたら裏返して全体に火を通す。きれいな丸形に仕上げたい場合はセルクルを使うとよい。
4. 器に盛りつけ、パクチー、赤ピーマンの飾り千切りを飾る。お好みでチリソースをつけて食べる。

2 空心菜の炒め

パッ・パップン・ファイデーン
ผัดผักบุ้งไฟแดง

空心菜の食感を残すには素早く炒めることが大切。
炒める前に調味料をかけておくと調理しやすいです。

材料（4人分）

	A
空心菜 …… 200g	┌ オイスターソース
にんにく(小) …… 4片	│ …… 大さじ1
プリックチンダー …… 2〜4本	│ タオチオ …… 大さじ1
サラダ油 …… 大さじ2	│ ココナッツシュガー
	└ …… 大さじ½

作り方

1. 空心菜はきれいに洗ってからよく水気を切り、葉と茎を手でちぎって分ける。茎は7〜8cm長さに切る。にんにく、プリックチンダーは軽くつぶす。
2. Aの調味料をよく混ぜ合わせる。
3. 器に空心菜の葉を並べ、上に茎をのせる。にんにくとプリックチンダーをのせ、2の調味料をかける。
4. フライパンにサラダ油を熱し、葉が上になるように器を返して3を入れ、強火でさっと1〜2分炒める。

3 キャベツのナムプラー炒め

グラムピー・トード・ナムプラー
กระหล่ำปลีทอดน้ำปลา

ナムプラーの風味とキャベツの甘味をシンプルに感じられます。箸休めにもぴったり。

材料（4人分）

- キャベツ …… 400g
- にんにく …… 3片
- 桜海老(乾燥) …… 15尾
- ナムプラー …… 大さじ1・⅓
- ココナッツシュガー …… 小さじ1
- サラダ油 …… 大さじ2・½

作り方

1. キャベツはやや大きめのひと口大に切り、芯と葉の部分に分ける。にんにくは軽くつぶす。桜海老は30秒電子レンジにかける。
2. ナムプラー、ココナッツシュガーをよく混ぜ合わせる。
3. フライパンにサラダ油を強火で熱し、キャベツの芯、にんにくを中火で1分炒める。葉を入れてひと混ぜし、強火にして鍋肌から2を加える。30秒〜1分ほどで素早く炒めて火を止める。
4. 器に盛りつけ、桜海老のせる。

─── Column 2 ───

タイ料理をおいしく作るコツ

調味料の使い方や調理のコツを知っておくと、
タイ料理初心者でもおいしく、美しく作ることができます。

調味料、調理のコツ

1 味見をしながら調味料を加える

この本のレシピではP6「タイ料理の調味料」の製品を使っていますが、同じ調味料でもブランドによって味わいや風味が異なります。特にナムプラーは発酵度合いによって塩分が異なるので、必ず味見をしながら適宜調節します。

特に発酵調味料はブランドによって味わいや風味が異なる

2 複数の調味料は合わせてから使う

サラダ、炒めものを作るときは、調味料を前もって混ぜ合わせておくと、この段階で味を確認できます。辛味、酸味、甘味、塩味が足りないと感じた場合は調節しておくようにしましょう。

3 調味料、食材の特徴を知る

- **カレーペースト**
市販品はブランドによって塩分が異なるため、必ず味見をしながら使いましょう。ナムプラーを最後に加えるのが、塩味で失敗しないためのポイントです。

- **ライム汁**
熱を加えると苦味が出るため、基本的には火を通さずに使います。スープなどに入れるときは、火を止めてから最後に加えるようにします。

- **ココナッツミルク**
乳化剤が添加されていると油が分離しないため、グリーンカレー、レッドカレーなどに使うときは乳化剤が無添加のものを選びましょう。

- **ホーラパー、ガパオ**
熱を加えて空気にふれると、酸化して黒く変色します。炒めものやカレーに加えるときは、具材のなかに押し込むようにして加え、一瞬で火を通します。

仕上げ、飾りつけのコツ

1 何にでもパクチーを飾らない

タイ料理といえば大量のパクチーが盛りつけてあるイメージがあるかもしれませんが、タイではすべての料理にパクチーを飾ることはありません。グリーンカレーならホーラパー、バジル炒めならガパオといったように、料理に使っている食材を飾ります。そして、パクチーを飾るときは、風味が強いため適量を添えましょう。

パクチーは関連する料理に適量を添える

2 ホーラパーはタイミングが大切

ホーラパーは熱に弱いため、できあがった直後の料理に飾ると黒く変色してしまいます。料理を器に盛って2〜3分おいてから飾ると、変色せずにきれいな緑色を保てます。

3 サラダは直前に仕上げる

サラダは料理を提供する直前にドレッシングをかけて仕上げましょう。前もってドレッシングをかけると、野菜の水分が出てしまい、味わいが落ちてしまいます。

ホーラパーは少し時間をおいてから飾る

────────── Chapter 4

メイン料理
กับข้าว

タイの人たちはメイン料理をご飯と一緒に楽しみます。東北部はもち米、中部と南部はタイ米が主流。肉や海鮮の炒めもの、煮込み料理など、ご飯に合わせて食べるとさらにおいしい一品をご紹介します。

揚げ卵のタマリンドソースがけ

カイ・ルック・クイ
ไข่ลูกเขย

揚げた茹で卵を、甘酸っぱい濃厚なタマリンドのソースで。
唐辛子も一緒に食べるとちょうど良い刺激のバランスになります。

材料(4人分)

卵 …… 4〜6個
にんにく …… 4片
ホムデーン …… 4個
パクチーの葉 …… 8〜12枚
赤唐辛子(乾燥) …… 8〜12個
揚げ油 …… 適量

タマリンドソース
- サラダ油 …… 小さじ1
- タマリンド汁(P9) …… 大さじ4
- ココナッツシュガー …… 大さじ4
- ナムプラー …… 大さじ2

作り方

1. にんにく、ホムデーンは薄切りにする。パクチーの葉は手でちぎり、赤唐辛子は種を除いておく。
2. 沸騰したたっぷりの湯で卵を6分茹でる。卵を入れた後、箸で2〜3分かき混ぜながら茹でると黄身の位置が中央に茹で上がる。殻をむく。
3. タマリンドソースを作る。フライパンにサラダ油を熱し、タマリンド汁、ココナッツシュガー、ナムプラーを加えて炒める。とろみが少し出てきたら火から下ろして冷ます。
4. フライパンに卵が半分かぶるほどの揚げ油を入れて熱し、にんにく、ホムデーンを順に中火で揚げる。茹で卵をやや強火で揚げ、ひっくり返しながら全面を揚げる。火を止め、赤唐辛子を余熱で揚げる。卵を縦半分に切る。
5. 器に卵を盛り、タマリンドソースをかける。にんにく、ホムデーン、赤唐辛子、パクチーを飾る。

盛りつけのPoint
器に卵を放射状に盛り、ソースをかけてから卵にトッピングをし、中心にパクチーを飾ると見た目が美しく仕上がります。(P100も参照)

盛りつけのアレンジ

卵を半分に切って1個ずつレンゲに盛りつけると、おしゃれなイメージに変身。

料理のアレンジ

時短で作りたい場合は、茹で卵の代わりにたっぷりの油で目玉焼きを揚げるようにして作るのもおすすめです。

Chapter 4 | メイン料理

1 アサリのチリインオイル炒め

ホイラーイ・パッ・ナムプリックパオ

หอยลายผัดน้ำพริกเผา

ナムプリックパオとホーラパー（タイのスイートバジル）が香り高いアサリの炒めもの。
簡単な手順で作れるので、ご飯のお供やお酒の肴にぴったりです。

---- ◆ Point ◆ ----
ホーラパーは加熱して空気にふれると酸化して黒く変色してしまいます。炒めるときは空気にふれないように、具材の下に押し込むように加えて素早く炒めましょう。

材料（4人分）
アサリ …… 400g
にんにく …… 2片
プリックチンダー …… 2〜5本
ホーラパー …… 15〜20枚
サラダ油 …… 大さじ2
A
  ┌ ナムプリックパオ …… 大さじ1
  │ オイスターソース …… 大さじ1
  │ ナムプラー …… 大さじ1
  └ ココナッツシュガー …… 大さじ½

作り方
1 にんにく、プリックチンダーはみじん切りにする。ホーラパーは飾り用に少量をとっておく。Aの材料をよく混ぜ合わせる。
2 フライパンにサラダ油を熱し、にんにく、プリックチンダーを入れて香りが立つまで炒める。アサリを加え、フタをして強火で2〜3分蒸す。Aの調味料を加えて1〜2分炒める。ホーラパーを加えてさらに1分炒め、火を止める。
3 器に盛りつけ、ホーラパーを飾る。

2 揚げ魚の唐辛子ソースがけ

プラー・ラード・プリック

ปลาราดพริก

タイでは魚を丸ごと揚げますが、食べやすいようひと口サイズに。
唐辛子ソースは唐揚げや天ぷらに合わせるのもおすすめです。

盛りつけのアレンジ

揚げ魚とソースを別々に盛りつけ、食べる直前にソースをかけると揚げ魚のサクッとした食感をより楽しめます。

材料（4人分）
白身魚（タイ、タラなど）…… 320〜400g
塩 …… 小さじ½
片栗粉 …… 大さじ2〜3
唐辛子ソース
  ┌ プリックチーファー（大）…… 1本
  │ にんにく …… 3片
  │ サラダ油 …… 大さじ1
  │ ナムプラー …… 大さじ2
  │ 酢 …… 大さじ2
  │ ココナッツシュガー（ペースト）…… 大さじ2強
  └ 水 …… 80㎖
揚げ油 …… 適量
パクチーの葉 …… 適量
赤ピーマンの飾り千切り（P17）

作り方
1 白身魚は3cm幅に切り、塩と片栗粉をまぶす。たっぷりまぶすことで揚げたときに形が崩れにくく、ソースもからみやすくなる。
2 唐辛子ソースを作る。プリックチーファーとにんにくを粗く切ってからクロックで細かくつぶす。フライパンにサラダ油を熱し、プリックチーファーとにんにくを香りが立つまで炒める。ナムプラー、酢、ココナッツシュガーを加える。沸騰したら水を加え、とろみが出るまで約3分沸騰させる。
3 フライパンに魚がかぶるくらいの揚げ油を入れて熱し、やや強火で白身魚を揚げる。
4 器に盛り、唐辛子ソースをかける。パクチー、赤ピーマンの飾り千切りを飾る。

アジ入り唐辛子野菜ディップ

ナムプリック・プラートゥー

น้ำพริกปลาทู

タイ人にとってタイ料理と言えば「ナムプリック」（野菜ディップ）。東北部では「ポン」「ジャオ」、南部では「ナムシュップ」と呼ばれ、ご飯に合うおかずとして楽しまれています。100以上のレシピがあるなかで、日本人の方にも馴染みやすい中部のレシピをご紹介します。

材料（4人分）

- アジ …… 1尾（150〜180g）
- 甘長唐辛子 …… 50g
- にんにく …… 50g
- ホムデーン …… 30g
- プリックチンダー …… 3〜6本
- 塩 …… 小さじ¼
- ナムプラー …… 大さじ1〜1・½
- ライム汁 …… 小さじ1〜2
- ココナッツシュガー …… 小さじ½
- 赤ピーマンの飾り千切り（P17）

付け合わせ野菜
- 花形きゅうり（P18）
- 花形きゅうり（いんげん入り、P18）
- 花形にんじん（立体、P17）
- 茹で白菜
- 茹で小松菜
- 茹でにんじん
- 茹でいんげん

作り方

1. アジは焼いて身をほぐしておく。
2. 甘長唐辛子、皮つきのにんにくとホムデーン、プリックチンダーをフライパンでやわらかくなるまで炒る。にんにくとホムデーンの皮をむく。焦げた部分は取り除く。
3. 2の材料と塩をクロックに入れて粗くつぶし、アジを加えて細かくなるまでたたく。ナムプラー、ライム汁、ココナッツシュガーを加えてよく混ぜる。
4. 器に盛って赤ピーマンの飾り千切りを飾る。付け合わせ野菜を添える。

盛りつけのPoint

付け合わせにはカービングした野菜を添えると豪華になります。切り方次第で雰囲気が変わるのでいろいろな野菜で楽しんでみてください。（P16「野菜のカービング」を参照）

食べ方のPoint

タイ人にとって「ディップ」はおかずの一種。味がしっかりしているので、ご飯に混ぜながら食べるのが本場のスタイル。野菜につけてそのまま食べてもおいしいです。

Siri's Story

私が子どもの頃に母がよく作ってくれた料理。私の子どもたちにも母の味を覚えてもらいたいと思い、今は私が家族によく作っています。海老の代わりに豚ひき肉やアサリを入れるのも好評です。

海老の春雨蒸し

クン・オッブ・ウンセン
กุ้งอบวุ้นเส้น

土鍋で提供するタイの代表的な蒸し料理。
蒸し器を使わずに鍋やフライパンで簡単にでき、
見た目も豪華でおもてなし料理にもぴったりです。

材料（4人分）

海老（中） …… 8尾
春雨 …… 40g
パクチー …… 1株
ベーコン …… 4〜5枚
生姜（薄切り） …… 4枚
水 …… 100㎖

漬け込み調味料
- サームグルー（P9） …… 大さじ½
- オイスターソース …… 小さじ2
- シーユーカオ …… 小さじ1
- シーズニングソース …… 大さじ½
- ココナッツシュガー …… 大さじ½
- 胡麻油 …… 大さじ1

作り方

1. 海老は殻がついたまま背の中央に切り目を入れ、背ワタがあれば取り除く。春雨は水で戻し、水気をよく切ってから8〜10㎝長さに切る。パクチーは飾り用に少量の葉をとっておき、残りは1㎝長さに切る。
2. 漬け込み調味料の材料を混ぜ合わせ、春雨を加えて5分漬ける。
3. 鍋を火にかけ、ベーコン、生姜、海老、2を順にのせる。水½量を加え、フタをして約3分蒸す。その間、海老に火が通ったら取り出しておく。全体をかき混ぜたら、残りの水を加え、再びフタをして約5分蒸す。水分が蒸発したら火を止め、海老を鍋に戻す。パクチーを加えてかき混ぜる。

盛りつけのPoint
小ぶりのフライパンで調理して、そのままテーブルに並べると熱々を楽しんでもらえます。

1 海老のトマトソース炒め

パッ・ピョウ・ワーン

ผัดเปรี้ยวหวานกุ้ง

子どもも大好きな甘いケチャップソースの炒めものは、家庭でよく作られる一品。
食材の彩りも華やかで、辛くないので子ども連れのパーティにもぴったりです。

材料(4人分)

- 海老 …… 12尾
- パイナップル …… 100g
- 玉ねぎ …… ½個
- トマト …… 1個
- きゅうり …… 1本
- 青ねぎ …… 1本
- にんにく …… 3片
- サラダ油 …… 大さじ1・½

A
- ケチャップ …… 大さじ2
- ココナッツシュガー …… 大さじ1
- ナムプラー …… 大さじ½
- オイスターソース …… 大さじ½
- シーズニングソース …… 大さじ½

作り方

1. 海老は尾を残して殻をむき、背に切り込みを入れて、背ワタがあれば取り除く。パイナップルは拍子木切りに、玉ねぎとトマトはくし形に切る。きゅうりは乱切りに、青ねぎは2㎝長さに切る。にんにくはみじん切りにする。
2. Aの材料をよく混ぜ合わせる。
3. フライパンにサラダ油を熱し、にんにくを香りが立つまで炒める。海老、玉ねぎを加え、玉ねぎが少ししんなりするまで炒める。きゅうりとパイナップルを加えて2～3分炒めたら、2の調味料を加える。トマトと青ねぎを加え、ひと混ぜする。

2 茄子のバジル炒め

パッ・マクワムアン・ホーラパー

ผัดมะเขือม่วงใบโหระพา

タイの定番の炒めもの。タオチオ（タイの味噌）で調味しているので、
タイ料理に慣れていない日本人にも親しみやすい味わいです。

 **Point**
茄子を炒めるときは、形が崩れやすいのであまりいじらずに時々かき混ぜるくらいにしましょう。

材料(4人分)

- 茄子 …… 200g
- 海老(正味) …… 50g
- 豚ひき肉 …… 50g
- プリックチンダー …… 1～2本
- にんにく …… 1片
- ホーラパー …… 7～10枚
- タオチオ …… 大さじ1強
- ココナッツシュガー …… 小さじ½
- サラダ油 …… 大さじ2
- 水 …… 50㎖

作り方

1. 茄子は1.5㎝幅の輪切りにする。海老は5㎜幅に切る。プリックチンダーとにんにくはクロックで細かくつぶす。ホーラパーは飾り用に少量をとっておく。
2. タオチオとココナッツシュガーを混ぜ合わせておく。
3. フライパンにサラダ油½量を熱し、茄子の両面を8～9割まで焼く。
4. フライパンに残りのサラダ油を熱し、プリックチンダー、にんにくを入れて香りが立つまで炒める。豚ひき肉、海老を加え、火が通ったら2の調味料、水を加える。焼いた茄子を加えてやや強火で炒める。水分がほぼなくなって茄子に火が通ったら、ホーラパーを加えて1分炒める。器に盛り、ホーラパーを飾る。

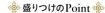 **盛りつけのPoint**
タイでは炒め合わせたものをカジュアルに盛るのが定番ですが、SIRI KITCHENスタイルでは茄子を立体的に盛りつけ、上に具材をのせて華やかに仕上げます。

鶏肉のカシューナッツ炒め

ガイ・パッ・メッマムアンヒマパーン
ไก่ผัดเม็ดมะม่วงหิมพานต์

もとは中国から伝わった料理ですが、ナムプリックパオと
ナムプラーの風味がタイならではの味わいです。
省略して「ガイ・パッ・メッマムアン」とも呼ばれます。

材料(4人分)

鶏もも肉 …… 250g	青ねぎ …… 1本
塩 …… ひとつまみ	カシューナッツ …… 60g
片栗粉 …… 30g	揚げ油 …… 適量
赤唐辛子(乾燥) …… 5〜8本	**A**
玉ねぎ …… ½個	┌ ナムプリックパオ …… 大さじ2
ピーマン …… 1個	│ オイスターソース …… 大さじ1
赤パプリカ …… ¼個	│ ナムプラー …… 小さじ2
※ピーマンを入れない場合は½個	└ ココナッツシュガー …… 小さじ1

作り方

1 鶏もも肉は3cm角に切り、塩を振ってから片栗粉をまぶす。赤唐辛子は種を取り除く。玉ねぎ、ピーマン、赤パプリカは3cm四方に切る。青ねぎは3cm長さに切る。Aは材料を混ぜ合わせておく。

2 フライパンに鍋底から1cmほど揚げ油を入れて熱し、弱火でカシューナッツを揚げる。鶏肉を中火で揚げる。火を止め、余熱で赤唐辛子をさっと揚げる。

3 別のフライパンに2の油から大さじ2をとり、玉ねぎ、ピーマン、赤パプリカを炒める。Aの調味料を加え、とろみが少し出てくるまで炒める。鶏肉、カシューナッツ、赤唐辛子を加えて弱火でからめながら炒める。

4 器に盛り、青ねぎを散らす。

料理のアレンジ

中華麺を使って焼きそばにするのもおすすめ。甘辛いタレがからんだ麺は絶品です。

タイ東北部の鍋

チムチュム
จิ้มจุ่ม

イサーン（タイ東北部）の代表的な鍋で、タイでは専門の屋台があるほど。
たくさんのハーブを使った香り高いスープと刺激のあるたれで、
肉と魚介、野菜をたっぷりいただきます。

料理のアレンジ

いろいろな種類の肉や魚介を用意するのが大変なときは、パクチー（または水菜）の豚肉巻きを入れましょう。その際、卵は鍋に直接入れます。

材料（4人分）

牛肉（しゃぶしゃぶ用） …… 120g
豚肉（しゃぶしゃぶ用） …… 120g
鶏ささみ肉 …… 120g
海老 …… 12尾
イカ …… 1杯
白菜 …… 200g
空芯菜 …… 100g
しめじ …… 100g
春雨 …… 40g
花形にんじん（輪切り、P17） …… 12枚
卵 …… 4個
※大鍋で作る場合は2〜3個

スープ
レモングラス …… 1本
ホムデーン …… 1個
赤唐辛子（乾燥） …… 6〜8本
カー …… 10g
バイマックルー …… 3枚
ホーラパー …… 7〜10枚
青ねぎ …… 2本
水 …… 1200ml
ナムプラー …… 大さじ1
ココナッツシュガー …… 小さじ1
塩 …… 小さじ1

つけだれ
タマリンド汁（P9） …… 大さじ4
ナムプラー …… 大さじ4
ライム汁 …… 大さじ2
カオクア（P9） …… 大さじ2
ココナッツシュガー …… 大さじ1
プリックポン（お好みで、P9）
…… 小さじ2〜3

作り方

1 鶏ささみ肉は5mm厚さに切る。イカは輪切りにする。白菜は葉と芯に分け、食べやすい大きさに切る。空心菜は10cm長さに、しめじは石づきを除いて食べやすい大きさに切る。春雨は水に浸けて戻しておく。

2 スープを作る。レモングラスは10〜12cm長さに切る。レモングラス、ホムデーン、赤唐辛子は軽くつぶす。カーは薄切りにする。バイマックルーは手でちぎる。青ねぎは3cm長さに切る。鍋に水を入れて火にかけ、沸騰したらすべての材料を加えて2〜3分煮て香りを立たせる。

3 つけだれを作る。すべての材料をよく混ぜ合わせる。

4 鍋に白菜、空心菜、しめじ、春雨、花形にんじんを盛り、スープを入れて火にかける。牛肉、豚肉、鶏肉、海老、イカは別の器に盛り、中央に卵をのせる。

盛りつけのPoint

一人用の小鍋を使うと、カジュアルな鍋もおもてなし料理に。鍋底に白菜の芯を敷き、その上に具材を盛ると火の通りが均等になります。奥から手前に向かって高低差を出して盛りつけると見映えがよくなります。

食べ方のPoint

牛肉、豚肉、鶏肉、海老、イカは卵とよくからめてから、スープが煮立ったら鍋に入れて火を通します。

豚肉のパイナップル煮込み

ムー・オッブ・サッパロッド

หมูอบสับปะรด

パイナップルと一緒に漬け込むと豚肉はやわらかく仕上がります。
甘いジューシーな煮込みは、お酒の肴にもご飯のおかずにもぴったり。

材料（4人分）

豚肩ロース肉 …… 250g
パイナップル …… 150g

漬け込み調味料
- パイナップル（みじん切り）…… 大さじ1
- ケチャップ …… 大さじ1
- ココナッツシュガー …… 大さじ1強
- サームグルー（P9）…… 大さじ½
- シーユーカオ …… 小さじ2
- シーズニングソース …… 小さじ2

サラダ油 …… 大さじ1・½
水 …… 適量
ミニトマト …… 4個
パクチーの葉 …… 適量

作り方

1. 豚肩ロース肉は3㎝角に、パイナップルは2㎝角に切る。
2. ボールに漬け込み調味料の材料をよく混ぜ合わせる。豚肉を入れて冷蔵庫で30分以上漬ける。
3. フライパンにサラダ油を熱し、豚肉を炒める。8割ほど火が通ったら、パイナップル、2の漬け込み調味料を入れ、豚肉がかぶるまで水を加えてフタをする。軽く沸騰させた状態で水分が⅓量に減るまで煮込む（約20分目安）。ミニトマトを加え、1～2分煮たら火を止める。
4. 器に盛り、パクチーを飾る。

―――― Chapter 5

麺、ご飯
อาหารจานเดียว ข้าว ก๋วยเตี๋ยว

日本と同じようにタイ人の主食もお米。米料理、米麺を使った麺料理のレシピは、数え切れないほど多くの種類があります。屋台の定番からレストランで人気の料理までゲストに喜ばれる料理をご紹介します。

タイ風焼きそば

パッタイ
ผัดไทย

「タイ王国」の名前がつけられたパッタイは、今や世界中で愛されている料理。
70年以上前の米不足の時代に政府が国民食として推奨したもので、
中国から伝わった麺料理を、タイの食材を使って独自の料理に仕上げました。

材料（2人分）

センレック（5mm）…… 100g
海老 …… 6尾
もやし …… 30g
ニラ …… 20g
厚揚げ …… 20g
ホムデーン（小）…… 2個
にんにく …… 1片

パッタイソース
- タマリンド汁（P9）…… 大さじ1・½
- ナムプラー …… 大さじ1・½
- ココナッツシュガー（ペースト）…… 大さじ1・½

水 …… 50〜80ml
卵 …… 1個
サラダ油 …… 大さじ4

付け合わせ
- もやし（ひげ根を切り落とす）…… 適量
- ニラ（5cm長さに切る）…… 適量
- ライム（6等分に切る、P83）…… ⅙個
- 粗挽きピーナッツ（P9）…… 適量
- プリックポン（P9）…… 適量

作り方

1. センレックは水に30分以上浸けておく。海老は尾を残して殻をむき、背に切り込みを入れ、背ワタがあれば取り除く。ニラは3cm長さに切る。厚揚げは拍子木切りにし、サラダ油大さじ1で揚げる。ホムデーン、にんにくはみじん切りにする。
2. パッタイソースを作る。すべての材料をよく混ぜ合わせる。
3. フライパンにサラダ油大さじ½とセンレックを入れて火にかけ、からめながら水50mlを加えて炒める。水分がなくなるまで炒めたら味見をし、固かったら適宜水を足す。好みの固さになったら火から下ろす。
4. フライパンにサラダ油大さじ2を熱し、ホムデーン、にんにく、海老を加えて香りが立つまで炒める。海老は火が通ったら取り出しておく。3のセンレックを戻し、その上にパッタイソースをかけ、やさしくほぐしながら水分がなくなるまで強火でよく炒める。あたたまるにつれて自然にほぐれやすくなるので、無理にほぐさないようにする。
5. 材料をフライパンの端に寄せ、空いたところにサラダ油大さじ½をひく。卵を加えてほぐしたら、その上にセンレックをのせる。卵に火が通ったら全体をよく混ぜ、厚揚げ、もやし、ニラ、海老を加え、混ぜ合わせたら火を止める。
6. 器に盛り、付け合わせを添える。

料理のアレンジ

センレックの代わりに春雨を使うと「パッタイウンセン」になります。

パイナップルチャーハン

カオパッ・サッパロッド
ข้าวผัดสับปะรด

パイナップルの皮を器に使った南国の香り漂う豪華なチャーハン。
果肉の甘味と酸味にカレーの香ばしさがアクセントになっています。

材料(4人分)

ご飯 …… 450g	カシューナッツ …… 30g	こしょう(粉末) …… 適量
パイナップル(器用) …… 1個	揚げ油 …… 適量	花形ねぎ(P17) …… 適量
パイナップル(具材用) …… 100g	サラダ油 …… 大さじ2	ナムプラープリック(P11) …… 適量
ハム …… 80g	カレー粉 …… 大さじ1弱	**付け合わせ野菜**
赤パプリカ …… 50g	バター …… 10g	┌ トマト
玉ねぎ …… 50g	塩 …… 小さじ1	│ 波形きゅうり(P18)
にんにく …… 2片	シーズニングソース …… 大さじ1	└ ねぎのカール(P17)
干しレーズン …… 30g	ココナッツシュガー …… 小さじ2	

作り方

1 パイナップルは縦半分に切り、芯の部分に縦に2ヶ所切り込みを入れる。皮は器に使用するため切れないように注意。小さなナイフを使い、皮に沿って切り目を入れて実をくり抜く。同様に芯もくり抜く。皮に残った果肉はスプーンで取り出す。具材に使用する100gをさいの目に切る。

2 ハムはさいの目に切る。赤パプリカ、玉ねぎは1cm四方に切る。にんにくはみじん切りにする。カシューナッツは揚げ油で揚げる。

3 フライパンにサラダ油を熱し、にんにく、カレー粉、ハムを中火で香りが立つまで炒める。パイナップル、赤パプリカ、玉ねぎを加えて火が通るまで炒める。ご飯、バターを加え、香ばしくなるまで2〜3分炒める。塩、シーズニングソース、ココナッツシュガー、干しレーズン、カシューナッツを加えてさらに1〜2分炒める。

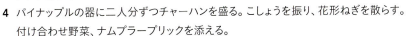

4 パイナップルの器に二人分ずつチャーハンを盛る。こしょうを振り、花形ねぎを散らす。付け合わせ野菜、ナムプラープリックを添える。

❖ 盛りつけのPoint ❖

パイナップルの皮を器に見立てます。表面にパイナップル、レーズン、カシューナッツ、赤パプリカなどの具材を見せるように盛りつけると鮮やかです。小ぶりのパイナップルを使い、一人分ずつ盛りつけてもよいでしょう。

❖ Point ❖

豚肉のパイナップル煮込み(P70)、焼豚スパイシーサラダ(P29)、海老のトマトソース炒め(P65)などの料理と組み合わせて、パイナップルを無駄なく使いきりましょう。

Chapter 5 | 麺、ご飯

ハーブの混ぜご飯

カオヤムサムンプライ
ข้าวยำสมุนไพร

タイ南部の魚醤「ナム・ブードゥー」を使うのが本場の味ですが、タイ料理初心者でも食べやすいようにまろやかにアレンジしました。野菜とハーブがたっぷり入った女性好みの味わいです。

材料(4人分)

- 海老 …… 8尾
- 卵 …… 2個
- サラダ油 …… 適量
- にんじん(小) …… ½本
- 紫キャベツ …… 40g
- もやし …… 40g
- いんげん …… 8本
- レモングラス …… 2本
- バイマックルー …… 8枚
- 干し海老(粉末) …… 大さじ2
- 黒すり胡麻 …… 大さじ2
- プリックポン(P9) …… 適量
- ジャスミンライス …… 2合
- アンチャン水
  - バタフライピーティー(乾燥) …… 10個
  - 熱湯 …… 100ml
- たれ
  - ココナッツミルク …… 50ml
  - ココナッツシュガー …… 大さじ1
  - ナムプラー …… 大さじ2・½
  - ライム汁 …… 大さじ2・½
  - ナムプリックパオ …… 大さじ2
  - ピーナッツ …… 30g
- エディブルフラワー …… 適宜

作り方

1. バタフライピーティーを熱湯に5分浸し、押しながら漉してアンチャン水を作る。炊飯器にジャスミンライス、アンチャン水を入れ、「すし飯」の目盛りまで水(分量外)を加えて炊飯にかける。
2. 海老は茹でて殻をむき、縦半分に切る。サラダ油少々を熱したフライパンで薄焼き卵を作り、丸めて2〜5mm幅に切る。にんじん、紫キャベツは千切りにする。もやしはひげ根を切り落とす。いんげんは5mm幅の小口切りに、レモングラスは根元の紫色の部分を1〜2mm幅の小口切りにする。バイマックルーは千切りにする。
3. たれを作る。鍋にココナッツミルク、ココナッツシュガーを入れて火にかけ、煮溶かして冷ます。すべての材料をミキサーにかけ、細かくする。
4. 器にジャスミンライスをのせ、エディブルフラワーを飾る。2の具材を盛り、干し海老、黒すり胡麻、プリックポン、たれを添える。すべての具材を混ぜ合わせて食べる。

❖ 盛りつけのPoint ❖
彩りを生かすために、同じ色合いの具材が隣り合わないようにバランス良く盛りつけます。

タイ風鶏肉のバジル炒め

ガパオ・ガイダオ
กะเพราะไข่ดาว

タイ人にとってタイ料理の定番のひとつ。
本来のガパオは野菜を一切入れないで作りますが、
私のレシピでは彩りと栄養のために野菜を加えています。

材料(4人分)
鶏むね肉 …… 320g
いんげん …… 6本
赤ピーマン …… 1個
ガパオ …… 15〜20枚
プリックチンダー …… 4〜6本
にんにく …… 4片
卵 …… 4個
ご飯 …… 茶碗4杯分

A
　ナムプラー …… 大さじ1
　シーズニングソース …… 大さじ1
　オイスターソース …… 大さじ1
　ココナッツシュガー …… 大さじ1
サラダ油 …… 大さじ3
揚げ油 …… 適量

作り方
1. 鶏むね肉は粗みじんに切る。いんげんは1cm長さに切り、赤ピーマンは縦細切りにする。ガパオは飾り用に4枚とっておき、残りは1枚ずつ手でちぎる。プリックチンダー、にんにくはクロックで一緒に細かくつぶす。Aの調味料を混ぜ合わせておく。
2. フライパンに鍋底から1cmほど揚げ油を入れて熱し、卵を中火で外側がパリパリになるまで揚げる。
3. フライパンにサラダ油を熱し、プリックチンダーとにんにくを香りが立つまで中火で炒める。鶏肉を加え、2/3程度に火が通るまでほぐしながら炒める。強火にし、Aの調味料を加える。いんげん、赤ピーマンを加える。ガパオを加え、強火で1分炒める。
4. 器に3とご飯を盛る。ご飯の上に卵をのせ、ガパオを飾る。

盛りつけのPoint
ご飯はお椀を使って丸い形に盛りつけると立体感が出ます。

Point
手順3の際、調味料を入れる段階で強火にし、鍋肌から調味料を入れると香りが引立ちます。

鶏肉と太麺の炒め

クイティアウ・クワ・ガイ
ก๋วยเตี๋ยวคั่วไก่

炒めたセンヤイとシーユーカオが香ばしい、タイの中華街で人気がある一品。
チリソースと一緒に食べて味わいにアクセントを。

材料（2人分）

- センヤイ …… 100g
- 鶏むね肉 …… 120g
- イカ …… 30g
- 卵 …… 1個
- 青ねぎ …… 1本
- 水 …… 60〜80㎖

A
- サームグルー(P9) …… 大さじ½
- オイスターソース …… 小さじ1
- シーユーカオ …… 小さじ1
- ココナッツシュガー …… 小さじ½

B
- シーユーカオ …… 大さじ1・½
- ココナッツシュガー …… 大さじ½

- サラダ油 …… 大さじ2・½
- リーフレタス …… 適量
- チリソース …… 適量

作り方

1. センヤイは水に30分浸けて戻し、水気を切る。鶏むね肉、イカはひと口大に切る。青ねぎは1㎝長さに切る。
2. **A**を混ぜ合わせて漬け込み調味料を作り、鶏肉、イカを入れて冷蔵庫で15分漬ける。**B**の調味料を混ぜ合わせておく。
3. フライパンにサラダ油大さじ½とセンヤイを入れて火にかけ、からめながら水60㎖を加えて炒める。水分がなくなるまで炒めたら味見をし、固かったら適宜水を足す。好みの固さになったら取り出しておく。
4. サラダ油大さじ1・½を熱し、**2**の鶏肉、イカを加えて香りが立つまで中火で炒める。センヤイを戻し入れ、麺の上に**B**の調味料をかけてゆっくりほぐしながら強火で炒める。材料をフライパンの端に寄せ、空いたところにサラダ油大さじ½をひく。卵を加えてほぐしたら、卵の上にセンヤイをのせる。卵に火が通ったら全体をよく混ぜ、青ねぎを加える。
5. 器に盛り、リーフレタス、チリソースを添える。お好みでこしょう（粉末、分量外）をかける。

ライスヌードルラーメン

クイティアウ・センレックナム
ก๋วยเตี๋ยวเส้นเล็กน้ำ

スープは鶏ガラをベースにしたさっぱりとした味わい。
タイのラーメンは、付け合わせ調味料で自分好みの味に調節して楽しみます。

材料（4人分）

- センレック（3mm）…… 200g
- 豚ひき肉 …… 200g
- 魚のつみれ（市販品）…… 8個
- もやし 120g
- 青ねぎ …… 3本
- パクチー …… 2株
- 水 …… 50㎖
- ガディアムジアオ（オイル、P9）
   …… 大さじ2
- ガディアムジアオ（トッピング用、P9）
   …… 大さじ1・1/3
- こしょう（粉末）…… 適量

A
- シーユーカオ …… 大さじ1
- サームグルー（P9）…… 大さじ1/2
- ココナッツシュガー …… 小さじ1

スープ
- 鶏ガラ …… 300g
- 水 1500㎖
- 大根（ひと口大）…… 100g
- にんにく（皮付きのまま軽くつぶす）
   …… 2片
- パクチーの根（軽くつぶす）…… 1本
- シーユーカオ …… 大さじ1/2〜
- ココナッツシュガー …… 大さじ1/2
- 塩 …… 小さじ1
- こしょう（軽くつぶす）…… 小さじ1/4

付け合わせ調味料
- 酢（プリックチーファーの輪切りを入れる）
   …… 適量
- ナムプラー …… 適量
- プリックポン …… 適量

作り方

1. スープを作る。鶏ガラはきれいに洗う。鍋にシーユーカオ以外のすべての材料を入れて強火にかける。沸騰する前にアクをきれいに取り除く。軽い沸騰で30分煮立てる。魚のつみれを加え、シーユーカオで調味する。
2. センレックは水に30分浸けて戻す。青ねぎ、パクチーは1cm長さに切る。
3. 豚ひき肉にAの調味料を加えてよく混ぜ合わせる。鍋に水を入れて火にかけ、沸騰したら豚肉を入れ、ほぐしながら火が通るまで火にかける。
4. 沸騰した湯でセンレック、もやしを茹でる。センレックは水気を切り、ガディアムジアオのオイルをからめる。
5. 器にセンレックを入れ、あたためたスープをかける。豚肉、つみれ、もやし、青ねぎ、パクチー、ガディアムジアオをのせ、こしょうを振る。付け合わせ調味料を添える。

Siri's Story

タイで家族と住んでいた頃、夕食の準備は姉と私が担当でした。うっかりナムプラープリックを出し忘れてしまうと、いつも父に叱られたものです。そのくらいタイ人にとってナムプラープリックは食卓に欠かせない大切な調味料なのです。

Chapter 5 | 麺、ご飯

豚肉のチャーハン

カオパッ・ムー
ข้าวผัดหมู

シーズニングソースなど調味料の香りがきいたチャーハン。
食感を楽しむために、野菜を大きめに切るのが豚チャーハンの特徴です。

材料（4人分）

ご飯 …… 600g	**A**	付け合わせ野菜
豚切り落とし肉 …… 150g	シーズニングソース …… 大さじ2	波形きゅうり (P18)
卵 …… 2個	ココナッツシュガー …… 小さじ2	花形ねぎ (P17)
小松菜 …… 2株	シーユーカオ …… 小さじ2	ねぎのカール (P17)
玉ねぎ …… ½個	ナムプラー …… 小さじ2	ライム
トマト …… ½個	サラダ油 …… 大さじ3	
青ねぎ …… 3本	ナムプラープリック (P9) …… 適量	
パクチー …… 1株		
にんにく …… 1片		

作り方

1 **A**のすべての調味料をよく混ぜ合わせる。
2 ボールに豚切り落とし肉と卵を入れて混ぜ合わせ、**1**の調味料大さじ½を加えて混ぜる。
3 小松菜は3cm長さに切る。玉ねぎ、トマトは1cm幅のくし形に、青ねぎは1cm長さに切る。パクチーは飾り用に葉を少量とっておき、残りは1cm長さに切る。にんにくはみじん切りにする。
4 フライパンにサラダ油を熱し、にんにくを香りが立つまで炒める。**2**の豚肉と卵を加え、豚肉を広げながら焼き、うっすら焼き目がついたら裏返す。火が通ったら玉ねぎを加えて炒める。ご飯を加え、強火で香ばしくなるまで2〜3分炒める。
5 **1**の残りの調味料を鍋肌から加えてよく炒める。鍋肌から加えることでご飯がべたつかずにぱらぱらに仕上がる。小松菜を加えて1〜2分炒めたら、トマト、青ねぎ、パクチーを加えてひと混ぜし、火を止める。
6 器にチャーハンを盛って豚肉をのせ、パクチーを飾る。付け合わせ野菜、ナムプラープリックを添える。

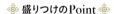 盛りつけのPoint
チャーハンはお椀などを使って丸い形に盛りつけます。上に豚肉をのせると立体感が出ます。

Point

ライムは果芯を残して三つに切り、さらに半分に切って6等分にすると、果汁が搾りやすい形になります。

Column 3

タイ料理に欠かせない ココナッツシュガー

タイ料理の甘味を出すために欠かせないココナッツシュガー。
ミネラルが豊富に含まれ、美容を気にかける女性におすすめです。

タイ料理で使う砂糖

タイ料理の甘味を出すために、砂糖は欠かせない食材です。タイ料理で使われる砂糖は大きく分けて二つの種類があります。

❶ サトウキビから作られる砂糖

タイで一般的に使われている白砂糖（グラニュー糖）はタイ語で「ナムターン・サーイ」と呼び、はっきりした甘味と、白色が特徴。色味や透明感を大切にしたい料理や宮廷菓子、ソースなどに使われます。値段が手ごろなため、炒めもの、ドレッシング、ドリンクなど日常的にも幅広く使われています。

❷ ヤシから作られる砂糖

ヤシはスコータイ王朝以前よりタイの食文化に深く関わっている食材。タイ語で砂糖のことを「ナムターン」と呼びますが、「ナム」は「水」、「ターン」は「ヤシ」という意味で、サトウキビよりも以前からタイではヤシから作られた砂糖が使われていたと考えられています。

- **サトウヤシが原料の砂糖（パームシュガー／ナムターン・ターノーツ）**

  はっきりした甘味と香りの良さが特徴で、色は濃い黄色。香りを生かしたいデザートに最適だと言われています。

- **ココヤシが原料の砂糖（ココナッツシュガー／ナムターン・マプラウ）**

  まろやかな甘味が特徴。色は薄い黄色で、クセが少なく、どんな料理にも使いやすいです。カレー、ソムタムのドレッシング、パッタイのソースなど、とろみやコクが必要な料理に欠かせません。

ヤシから作られる砂糖にはミネラル、ビタミンB群、必須アミノ酸16種類など栄養が豊富に含まれており、他の砂糖に比べてGI値が低いことも魅力です（白砂糖の値が110に対して35前後）。SIRI KITCHENでは、コクのあるおいしさ、健康、美容の観点から、よりヘルシーなココナッツシュガーのペーストを料理の基本に使っています。

ペースト状のココナッツシュガー

ココナッツシュガーの産地・アンパワー

タイに帰国したときに毎回私が立ち寄るのが、バンコクから車で90分ほどの場所にある水辺の町・アンパワー。水上マーケットで有名な町ですが、ココナッツの産地としても知られ、ココナッツ・ファームは観光客にも人気のスポットです。ここではココナッツシュガー作りを体験できます。

ココナッツシュガーはココヤシの花の蜜をとろみが出るまで2〜3時間煮詰め、素早くかき混ぜてペースト状にしたものです。長時間煮詰めず、とろみが出るまで火にかけるとココナッツネクターというシロップ状の砂糖になります。ネクターははちみつ代わりに使ったり、デザートやドリンクに入れたりして使います。

ファームに訪れるときの私の楽しみが、農園の方がふるまってくださるウェルカムドリンクや、ここでしか食べられないココナッツの蜜で煮込んだバナナのお菓子。このドリンクから着想を得て作ったのがライムソーダ（P89）です。暑い夏にぴったりなのでぜひ飲んでみてください。

1. 花の蜜を1滴1滴ゆっくりと集める　2. 蜜が吹きこぼれないように竹かごをかぶせて沸騰させる　3. 煮詰めた後にかき混ぜるとペースト状になる　4. ファームならではのバナナのお菓子は絶品　5. シロップ状のネクター

―――――― Chapter 6

デザート、ドリンク
ของหวาน เครื่องดื่ม

タイのデザートは甘いだけでなく、塩味が少しあることが特徴です。ココナッツミルクをたっぷり使ったデザートや見た目もかわいいドリンクなど、ティーパーティにも大活躍するレシピを揃えました。

Chapter 6 | デザート、ドリンク

1 バナナの揚げ春巻き
ポーピア・グルアイ・トード
ปอเปี๊ยะกล้วยทอด

揚げたての春巻きのクリスピーな食感と、
冷たいアイスクリームの組み合わせがぴったり。

材料(4本分)

バナナ(小) …… 4本	ココナッツネクター …… お好みの量
春巻きの皮 …… 4枚	アイスクリーム …… 適量
バター …… 10g	スペアミント …… 適量
揚げ油 …… 適量	

作り方
1 春巻きの皮にバターを塗り、バナナをのせて巻く。
2 フライパンに春巻きの⅓高さほど揚げ油を入れて熱し、春巻きの皮がパリパリになるまで中火で両面を揚げる。
3 器に盛り、ココナッツネクターをかけ、スペアミントを飾る。アイスクリームを添える。

2 焼きバナナのココナッツミルクカラメルがけ
グルアイ・ピン・ラード・ナムガティ
กล้วยปิ้งราดน้ำกะทิ

屋台スイーツの定番。盛りつけはP104も参考に。

材料(4人分)

バナナ(3cm厚さに切る) …… 4本	バター …… 20g
ココナッツミルク …… 200㎖	竹串 …… 4本
ココナッツシュガー …… 大さじ2	

作り方
1 バナナを竹串に刺し、180℃のオーブンで焼き目がつくように両面を焼く。スプーンを使ってバナナの表面を押しつぶす。
2 鍋にココナッツミルク、ココナッツシュガーを入れ、とろみが出るまでやや強火にかけ、バターを加える。
3 器に盛り、2を添える。

3 お団子ココナッツミルク煮
ブアロイ
บัวลอย

タイ語で「ブア」は「蓮の花」、「ロイ」は「浮く」。
縁起の良い言葉で、お祝いの席でもよく食べられています。

材料(4人分)

白団子
- 里芋(茹でて裏ごし) …… 大さじ2
- 白玉粉 …… 40g
- 水 …… 大さじ2

紫団子
- 白玉粉 …… 40g
- アンチャン水(P89) …… 大さじ3

A
- ココナッツミルク …… 250㎖
- 水 …… 100㎖
- 白砂糖 …… 55g
- 塩 …… 小さじ¼

作り方
1 鍋にAを入れて沸騰させ、火から下ろして冷ます。
2 団子の材料をそれぞれ耳たぶの固さまで練り、直径1cmに丸める。茹でたら冷水にとる。器に盛り、1をかける。

4 コーン入りタピオカココナッツミルク
サークーピア・カオポード
สาคูเปียกข้าวโพด

塩味のあるココナッツミルクがタイのデザートの特徴。
タピオカととうもろこしの食感を楽しんで。

材料(4人分)

白タピオカ …… 75g	ココナッツミルク
とうもろこし(粒を削り取る) …… ½本	- ココナッツミルク …… 150㎖
水 …… 500㎖	- 塩 …… 小さじ¼強
白砂糖 …… 65g	- 牛乳 …… 50㎖

作り方
1 鍋に水を入れて沸騰させ、白タピオカを加える。水分が少なくなりタピオカの芯がほぼなくなったら、とうもろこしを加える。砂糖を加えて溶かし、火から下ろして冷ます。
2 鍋にココナッツミルク、塩を入れて火にかけ、沸騰したら火を止めて牛乳を加える。器に盛った1にかける。

1 ハイビスカスソーダ

ナム・グラジャプ
น้ำกระเจี๊ยบ

ビタミンCが豊富なハイビスカスティーのエキスが
たっぷり入った女性に嬉しいジュース。

材料(1杯分)

ハイビスカス水※ …… 大さじ2
ココナッツネクター
　　…… 大さじ1
炭酸水 …… 120㎖

※**ハイビスカス水**(4杯分)
ハイビスカスティー(乾燥)
　　…… 10g
水 …… 180㎖

作り方
1. ハイビスカス水を作る。鍋に水とハイビスカスティーを入れて火にかけ、1～2分沸騰させる。ザルで押しながら漉して冷蔵庫で冷やす。
2. グラスにココナッツネクターを入れる。ハイビスカス水をゆっくり注ぎ、炭酸水を注ぎ入れる。

2 バタフライピーソーダ

ナム・アンチャン・ソーダー
น้ำอัญชัญโซดา

鮮やかな青色が美しく、アントシアニンが豊富な
バタフライピーはタイの女性に大人気です。

材料(1杯分)

アンチャン水※ …… 大さじ2
ライム汁 …… 大さじ1
ココナッツネクター
　　…… 大さじ1
炭酸水 …… 100㎖

※**アンチャン水**(4杯分)
バタフライピーティー(乾燥)
　　…… 15個
熱湯 …… 180㎖

作り方
1. アンチャン水を作る。バタフライピーティーを熱湯に5分浸し、押しながら漉す。ライム汁と合わせて冷蔵庫で冷やす。
2. グラスにココナッツネクターを入れる。1をゆっくり注ぎ、炭酸水を注ぎ入れる。

3 ライムソーダ

ナム・マナウ・ソーダー
น้ำมะนาวโซดา

タイではデトックスジュースとして人気。
ライムはビタミンCやクエン酸が豊富です。

材料(1杯分)

ライム汁 …… 大さじ1・½
ココナッツネクター
　　…… 大さじ1
塩 …… 小さじ¼
炭酸水 …… 100㎖
ライム …… 適量
スペアミント …… 適量
氷 …… 適量

作り方
1. グラスにココナッツネクター、ライム汁、塩を入れて混ぜる。氷を入れ、最後に炭酸水を注ぎ入れる。
2. 輪切りにしたライム、スペアミントを飾る。

4 スイカのシェーク

テンモー・パン
แตงโมปั่น

スパイスの風味をきかせたいときは、
生姜を少量加えるのもおすすめです。

材料(4杯分)

スイカ …… 300g
ココナッツネクター
　　…… 大さじ1・½
水 …… 150㎖
塩 …… 小さじ⅛
スイカ(飾り用) …… 適量
スペアミント …… 適量

作り方
1. スイカは種を取り、小さく切って冷凍庫で凍らせる。
2. 1のスイカ、ココナッツネクター、水、塩を合わせてミキサーにかける。
3. グラスに注ぎ、三角形に切ったスイカ、スペアミントを飾る。

SIRI KITCHEN Gallery
この本でご紹介した料理を教室でスタイリングしたものです。盛りつけやテーブルコーディネート次第で趣きが変わるので、いろいろ試して楽しんでみてください

Chapter 7

おもてなしのテーブル
จัดโต๊ะอาหารตามฤดูกาล

大切なゲストをおもてなしするときに、料理と同じくらいテーブルコーディネートは大切です。季節に合わせた料理の組み合わせや、テーブルコーディネートのアイデアをご紹介します。

春のテーブル
โต๊ะอาหารฤดูใบไม้ผลิ

初めてお招きするゲストには、タイ料理の定番を楽しんでいただきましょう。生春巻きや海老トーストなど、同じソースで楽しめる料理を組み合わせると準備の手間も楽になります。みんなで取り分けて楽しむスタイルは会話もはずみます。

Chapter 7 | 春のテーブル

――― ❖ Menu ❖ ―――

- 生春巻き(P21)
- 海老トースト(P39)
- チキンのグリーンカレー(P49)
- スイートチリソース(P11)
- バナナの揚げ春巻き(P87)
- ライムソーダ(P89)

あたたかな春の訪れを感じる

やわらかな光が射し込む春をイメージしたコーディネート。淡いグリーンのセラドン焼に、ゴールドのカトラリーを合わせて上品な雰囲気に。淡いクリーム色のナプキンは春の花に見立て、桃の花を飾ってゲストをお迎えします。

Chapter 7 | 春のテーブル

セラドン焼の器

タイ北部の伝統的な器で、タイ三大陶磁器のひとつ。北部の町チェンマイには「バーン・セラドン」(写真中央)や「サイアム・セラドン」(写真外側)などいくつかの工房があります。翡翠(ひすい)色とひび模様が美しく、和食にも合わせやすいです。

高台のある器「パーン」

母から譲り受けた「パーン」と呼ばれる器を取り分け用のスプーン置きに。タイではお供え物を置いたり、インテリアとして飾ります。フルーツをのせたり、花を飾っても素敵です。アルミやシルバー製もあり、ひとつ持っていると重宝します。

「プアンマーライ」のナプキンリング

春に咲く花をイメージして、ナプキンは淡いクリーム色を使って華やかに仕上げました。SIRI KITCHENスタイルでは、タイの伝統的な髪飾りで花をつなぎ合わせた布製のプアンマーライ(花輪)をナプキンリングにアレンジしました。

季節の花を飾る

セラドン焼の象のカードスタンドを使い、一人ひとりに桃の花を添えました。タイでは鼻が上を向いている象のモチーフは縁起が良いと言われています。花の代わりに、感謝の気持ちを込めたメッセージカードを添えるのもおすすめです。

夏のテーブル
โต๊ะอาหารฤดูร้อน

パイナップル、スイカ、とうもろこしなど夏の食材をふんだんに使った料理を組み合わせました。パイナップルの皮を器に見立てた豪華なチャーハンはおもてなし料理にぴったり。残ったパイナップルで煮込み料理を作れば、食材を余すことなく楽しめます。

Chapter 7 | 夏のテーブル

 Menu

- 豚肉のパイナップル煮込み(P70)
- パイナップルチャーハン(P75)
- ナムプラープリック(P11)
- コーン入りタピオカココナッツミルク(P87)
- スイカのシェーク(P89)

南国タイのリゾートを演出

パイナップルをメインにしたトロピカルな料理に合わせるのは爽やかなブルー&ホワイトのパイナップル柄の器。その他の料理はグラスを使って、涼し気な雰囲気を演出します。今すぐ南国の海に出かけたい気分になりそうです。

Chapter 7 | 夏のテーブル

ブルー＆ホワイトの器（ライ・クラーム）

タイの三大陶磁器のひとつ。もとは中国の技術で、1294年からタイでも作られるようになりました。当初はまだ中国の模様で作るのが一般的でしたが、徐々にタイの模様に発展しました。代表的な柄はパイナップル（写真）で一番人気があります。

ナプキンで船をイメージ

上品な色合いのパープルブルーのナプキンは、大海原に浮かぶ船をイメージした形に。ゴールドのナプキンリングにはランの造花を飾ります。花によって雰囲気を変えられるので、造花を何種類か揃えておくと便利です。

小鉢に小さな花を飾る

ベンジャロン焼（P107）の小鉢に水を張り、鮮やかな色の生花を入れてテーブルに飾ります。小鉢は調味料入れにしたり、口直しの小さなキャンディを入れたりなど、使い勝手が良いのでひとつ持っておくのがおすすめです。

タイ北部の織物「ヤイカンチョン」

北部の伝統的な手織物。幅が25～30cmありテーブルランナーにちょうどよく、SIRI KITCHENスタイルではサバイ（P107）と組み合わせてよく使います。北部の街・チェンマイの市場に行くと、さまざまな種類が売られています。

秋のテーブル
โต๊ะอาหารฤดูใบไม้ร่วง

少しずつ寒くなってきた秋にはトムヤムクンのスープを。辛味と塩味のあるアジ入り唐辛子野菜ディップに、甘酸っぱい揚げ卵のタマリンドソースがけを合わせて、タイ料理の奥深さを楽しんでいただきましょう。

Chapter 7 | 秋のテーブル

 Menu

- 海老とハーブのスパイシースープ (P45)
- 揚げ卵のタマリンドソースがけ (P57)
- アジ入り唐辛子野菜ディップ (P61)
- お団子・ココナッツミルク煮 (P87)
- バタフライピーソーダ (P89)

昔なつかしいタイの家庭

古き良きタイの家庭をコンセプトにしたコーディネート。昔なつかしい花柄のホーローの器に、アルミ製の器やバナナリーフを合わせてタイのクラシックな雰囲気に。大皿を囲んでみんなで料理を取り分けるスタイルにしました。

Chapter 7　秋のテーブル

ホーローの器

鉄やアルミなどの金属素材の表面にガラス質の釉薬をコーティングしたもので、花柄は昔ながらのデザイン。50年代にタイの家庭で人気がありましたが、クラシックな雰囲気が近年再び注目を集めて、タイで人気が復活してきています。

竹製のフードカバー「ファーシー」

もともとは料理を虫などから守るために昔から使われていたもの。カラフルなタイプは近年のデザインで、テーブルに置いておくだけでもタイの雰囲気に。どんな料理が出てくるのかと、これから始まるパーティーへの期待も高まります。

タイのアルミ製の器「カン」

細かな模様が美しいボール形の器。大小さまざまなサイズがあり、大きなカンには取り分け用のご飯を、小さなカンにはデザートやウェルカムドリンクを盛りつけます。アルミ製が一般的ですが、シルバーや真鍮製もあります。

バナナリーフのナプキン入れ

器の色に合わせてナプキンはワインレッドに。ナプキンリングを使わず、バナナリーフを丸めて作ったカバーに入れます。バナナリーフは自然の風合いが魅力で、家庭的な雰囲気や手作り感を演出できます。

冬のテーブル
โต๊ะอาหารฤดูหนาว

クリスマスや新年会のパーティーは、寒い季節にぴったりのあたたかな鍋料理でおもてなしをしましょう。カラフルな色合いの料理やドリンクで、華やかで楽しい雰囲気に仕上げます。

Chapter 7 | 冬のテーブル

―― Menu ――

- フルーツのスパイシーサラダ（P31）
- 豚肉とニラの揚げ春巻き（P41）
- タイ東北部の鍋（P69）
- 焼きバナナのココナッツミルクカラメルがけ（P87）
- ハイビスカスソーダ（P89）

クリスマスの夜のパーティー

シックな赤を基調にしたテーブルに、ベンジャロン焼のゴールドを組み合わせてゴージャスな夜の雰囲気を演出。カジュアルなイメージの鍋料理も、一人用のゴールドの小鍋に盛りつけるとスペシャルなおもてなし料理に変身します。

Chapter 7　冬のテーブル

ベンジャロン焼の器

かつてタイ王室で使われていたタイ三大陶磁器のひとつで、細かな文様と金彩が特徴。高級品なため日常使いはせず、鑑賞用、土産もの、記念品などとされることが多いです。SIRI KITCHENスタイルでは最上のおもてなしに使っています。

ナプキンリングで華やかに

大人のクリスマスをイメージして、ナプキンは落ち着いた色味の赤色に。ゴージャスなベンジャロン焼の存在感に負けないように、キラキラと輝きのある大きめのナプキンリングを使って、ナプキンも華やかに仕上げます。

タイの民族衣装の織物「サバイ」

正装時に肩に巻いて使う、タイ東北部の幾何学模様の織物。SIRI KITCHENスタイルではテーブルランナーに使っており、ヤイカンチョン(P99)と合わせて使うとより豪華になります。東北の市場やバンコクのパフラットで購入できます。

ゴールドに輝く真鍮の器

真鍮はタイの食文化に欠かせない存在。昔から鍋やフライパンなどのキッチン道具は真鍮製が使われていました。他にもパーン(P95)やカン(P103)、小鍋などさまざまな形があります。現在はアンティークの真鍮の器はコレクションとして人気があります。

ワンプレートのおもてなし

ランチなどカジュアルなおもてなしには、ワンプレート料理がぴったり。メニューの組み立て方や盛りつけのポイントをご紹介します。

イサーン料理のおべんとう

イサーン（タイ東北部）の名物料理をワンプレートに。3種の料理を組み合わせるときは、どの料理を一緒に食べても相性が良いように献立を考えます。ジューシーな焼き鳥には野菜たっぷりのサラダを合わせてさっぱりと。どちらももち米との相性ぴったりです。

──── Menu ────

- 青パパイヤのサラダ（P24）
- 豚肉とハーブの
  スパイシーサラダ（P27）
- タイ風焼き鳥（P35）
- もち米（P14）

かつて農作業のときにもち米を入れて出かけていたという竹かご「ガティップカオ」。タイ東北部、北部の代表的な工芸品のひとつで、家庭では手作りしたものが使われています。さまざまな色や形があり、バンコクで週末開催されるチャトゥチャック・マーケットなどで購入できます。

フタを開けるのがわくわくするタイで定番のホーローのおべんとう箱。ホーローは器に料理のにおいがつきにくく、風味が落ちにくいので便利です。

Chapter 7 | ワンプレートのおもてなし

ボリュームたっぷり
ワンプレート

簡単に作れるおかず2品にスープを組み合わせた食べごたえ満点のランチプレート。ひとつの器に盛りつけるときは、料理に高低差をつけて立体感を出しましょう。スープはそのままでも、ご飯にかけてもおいしいので二度楽しめます。

――― ◆ Menu ◆ ―――

- 鶏肉とハーブの
  ココナッツミルクスープ（P47）
- タイ風卵焼き（P53）
- 鶏肉のカシューナッツ炒め（P67）
- ジャスミンライス（P14）

ヤシの木製の調味料入れは、飾るだけでタイの雰囲気に。SIRI KITCHENスタイルでは、口直しの飴を入れたり、ゲストへのメッセージを入れてサプライズにも使います。

バナナリーフに包むとご飯が乾燥せず見た目も華やか。葉を円形に切ってから半分に切り、丸めてホッチキスで留めて作ります。

ヤシの木で作られたタイ製のトレイ。料理をのせて提供する他、ランチョンマットの代わりに使用するとおしゃれです。

109

SIRI KITCHEN Gallery
タイ料理教室「SIRI KITCHEN」のレッスン風景